消えゆくメディアの「歴史と犯罪」

井沢元彦&門田隆将
Motohiko Izawa　Ryusho Kadota

ビジネス社

はじめに

世界が「恐ろしい事態」へと突き進んでいる。

２０２２年2月24日、ロシアによるウクライナへの侵略がすべての始まりだった。半年を経ずして〝自由で開かれたインド・太平洋〟という中国包囲網の国際戦略を打ち立てた国際的リーダー、安倍晋三元首相がテロリストによって暗殺され、北朝鮮は狂ったようにミサイルを打ちつづけ、中国は着々と南シナ海や東シナ海で周辺国への圧迫を強めている。

２０２３年10月7日には、テロリスト集団「ハマス」がイスラエルへの大規模テロを敢行。女性たちをレイプした上で殺害し、老人をひざまずかせて頭部を撃ち抜いて処刑し、赤ん坊や子供の区別なく殺戮していった。〝一家全滅〟の人々の家族写真の笑顔が世界中の涙を誘った。

テロが終わったあと、傍受されたハマスのテロリストとその両親との会話が公開された。

「パパ！　ママ！　僕、10人殺したよ！　あなたの息子がユダヤ人をこの手で10人殺したんだよ！　ママ、あなたの息子はヒーローだよ！　本当だよ！　神がお守り下さったんだ！」

父はこれに対して「神は偉大なり」と応えた……。

自国民を１４００人以上殺害され、人質としても多数、連れ去られたイスラエルは、激しい怒りと共に「自衛権」を行使し、ただちにハマスへの報復に出た。

この事態に日本のメディアや中東専門家たちは、「ハマスも悪いが、イスラエルも悪い」との〝どっちもどっち論〟を展開した。

そんなバカな……罪もない女・子供が見るも無残な方法で殺されたのに、なぜテロへの怒りでなく、思想やイデオロギーが「優先」されるのか。

私は、日本のメディアのあり方にあらためて愕然《がくぜん》とし、怒りを覚えた。そして、安倍氏暗殺以来の〝どっちもどっち論〟を思い出した。

本文でも示すように、安倍元首相は悪名高い「霊感商法」を死滅させるために「消費者裁判手続特例法」をつくって、旧統一教会に致命的な打撃を与えた首相である。

その上、消費者契約法も改正して、霊感商法の契約は「無効」にできるようにした。さらなる決定的打撃を与えたのである。つまり、安倍氏は、もともと〝統一教会の天敵〟なのだ。しかし、日本のマスコミにかかれば、

「統一教会と〝ズブズブ〟の関係の安倍首相は、殺されても仕方がなかった」

そうされてしまったのである。この異常報道によって、山上徹也なる〝テロリスト〟には減刑の嘆願運動が起こり、多額の支援金まで集まった。

正邪が逆転した日本のマスコミに、私は呆れ返った。

いうまでもないが、政治家は「思想・信条・信教」で国民を差別してはならない。

反社会団体でないかぎり、どんな思想や信条、あるいは宗教の団体、組織、企業であろうと、「あなたの政策を訴えに来てください」と頼んだら、必ずやって来てくれる。それが政治家の仕事だからだ。

旧統一教会が霊感商法や合同結婚式等々で連日、マスコミを騒がせた「30年前」ならい

ざ知らず、政治家は呼ばれさえしたら「差別なく」出向くのは当然である。

しかも、行ったとしても、その回数は他の宗教団体の何十分の一、いや、何百分の一に過ぎない。だが、日本のマスコミは、その数少ないものを特筆し、それが「すべて」であるかのように、拡大報道して、あたかも自民党が旧統一教会に牛耳られているかのようにでっち上げ、国民を煽動した。

日本のマスコミの「病」とその「罪」は深い。

そのマスコミも、新聞は部数を激減させ、テレビも地上波が急速に影響力を失いつつある。理由は、インターネットの普及によるＳＮＳの凄まじいパワーによる。

インターネットが、その日のマスコミの報道や番組の非難で溢《あふ》れるようになって久しい。多くのネット利用者には、新聞やマスコミの「ウソ」が通じなくなってきたのだ。

私は、インターネットの登場で、情報や論評に関する発信を一手に握っていたマスコミが「その座を下りたこと」、そして、逆に「国民から監視される立場」になったことを痛感する。

それは、マスコミが報じる内容への「疑義」から、「怒り」、そして次第に「嘲笑《ちょうしょう》」へと変わっていった。

「あと10年で新聞はなくなる」

「地上波の命もあとわずかだよ。高齢者しか観ていない」

今ではそんなことを口にする人も多くなった。

世界情勢をはじめ、新しい情報や論評にネットで直接、触れていく国民が、マスコミを追い越して「現実」に目覚め、メディアを「置き去りにした」とも言える。

ネット時代の「以前」を知らない若い世代には、いったいマスコミはどこから間違ったのだろう、どう歯車が狂っていったのだろう、そして、何が本当の問題点なのだろう、という「素朴で、本質的な疑問」がある。

講演やシンポジウムで、その手の問いを私に真っ正面からぶつけてくる人もいる。

そういうことが重なるたびに私は「いつから」「なぜ」日本のマスコミは「ここまでおかしくなったのか」、きちんと「答えを出さなければならない」と思うようになった。

そんな私に、ビジネス社から本書の企画が持ち込まれた。

作家の井沢元彦氏と対談して欲しいというものである。『逆説の日本史』が累計500

万部を突破した井沢氏は、タブーを恐れず、独自の視点で「史実」と「世相」を切っていくことで知られている。その井沢氏と「マスコミ論を闘わせて欲しい」というのだ。

井沢氏は、自身もテレビ局の取材の最前線にいて、記者クラブに所属していたこともある。独立後の朝日新聞との戦いについても、業界ではつとに有名だ。

マスコミの大先輩である井沢氏と対談をするという魅力的な仕事に私はふたつ返事で、承諾した。井沢氏とは、読売テレビの人気番組『そこまで言って委員会NP』で、たまにご一緒する仲でもある。対談はすぐに実現し、お互いのマスコミ論が縦横無尽に語られた。

「いったい今のマスコミは、どこが間違っているのだろう」

そんな「今さら聞けない」基本的なことも大いに話題となった。

私たちは、マスコミが新しい時代に対応し、本来の「あるべき姿」に戻ってほしいと願う日本国民のひとりでもある。本書はマスコミ・ジャーナリズムを糾弾するための書籍ではない。あくまで、日本の未来のために、過去にマスコミが犯してきた罪を見つめ直し、それを自ら正してほしいという願いを込めたものである。

もはや「消えゆくメディア」、あるいは「マスゴミ」など、芳しからざるレッテルを貼られるマスコミ業界――国民には本書をお読みいただき、騙されない力や、メディアリテラシーを培ってほしいと思う。そして、マスコミの人たちには、未来に向かって襟《えり》を正してほしいと心より願う。

それが、なによりも「国民のため」、そして「日本のため」であるからだ。

門田隆将

消えゆくメディアの「歴史と犯罪」　目次

第2章 北朝鮮をめぐる幻想の報道

第3章 「日中友好」こそ中国の侵略武器

第4章 互助会体質から生まれる弊害

第5章 ＬＧＢＴ法が先導する理不尽な現実

第6章

既存のメディアからネットの時代へ

エピローグ
日本の安全保障と言霊

おわりに

第1章

デタラメ記事を書く朝日新聞との戦い

ハマス「残虐テロ」を擁護する日本のマスコミの異常

門田　この度はありがとうございます。井沢さんのような先輩と対談をさせていただき、光栄です。日本のマスコミがここまでおかしくなっていることに対して、井沢さんも私も日本で最も腹に据えかねている人間だと思うので、考えてみたら今回の企画は必然だったように思います。

井沢　まさにそうですね。あとでじっくり話になると思いますが、私も、門田さんも、巨大マスコミを相手に議論を挑んできた人間。まさに〝満を持して〟対談になった気がします。

門田　それにしても、10月7日以降のハマスのテロ報道もひどかったですね。大手マスコミは〝ハマスの擁護〟一色でした。テレビに出てくるのは、無惨なハマスのテロを問題にするのではなく、イスラエルを非難し、テロリストに肩入れする自称〝専門家〟ばかりでしたね。

あのテロには〝やむを得ない事情〟があったんだと、そこばかり強調して「イスラエルが悪いからテロが起きたんだ」と国民を誘導するものが圧倒的でした。

井沢　ハマスのやったのはテロですから、むやみに肩を持ってはいけない。しかし、日本のマスコミは「弱い者」と一方的に認識した側に立って、彼らの味方になる。そのほうが視聴率も稼げますしね。ケガをして泣き叫ぶガザの子供たちの映像を繰り返し流せば、誰もが「可哀そう」と思います。「ああ、またやってるな」という思いで、私は観ていました。

門田　井沢さんの古巣のＴＢＳは特にひどかったですね。最初からハマス擁護論。目立ったのは、ＢＳの『報道１９３０』です。放送大学名誉教授の高橋和夫氏を呼んで、ハマスがテロをやった理由について、「やはり絶望感です。全く希望がないわけですよ。ガザの人たちの貧困率は5割、失業率は5割で、どうせいつかイスラエルに捕まって殺される。ならば、命を張ってやろうじゃないかという人がたくさんいても不思議はない」とイスラエル＝悪という論を展開しました。

また同番組には日本赤軍の創設者にして元最高幹部、重信房子の娘、重信メイ氏がコメンテーターとして出演しました。26人が死亡、73人が重軽傷を負ったあのテルアビブ空港乱射事件を起こした日本赤軍の「幹部の娘」をあたかも客観的な専門家としてコメンテーターとして起用したのです。私は、そこでメイ氏がハマスのテロについて語った言葉に仰天してしまいました。

「学校で毎日のようにいじめられている子が初めてやり返したら、それに対して焦点があたったような感じなんですね。なぜか、パレスチナの問題になると抵抗じゃなくてテロになっちゃうんですよね。それがまず私は問題だと思います」

はあ？　と思わず唸ってしまいました。完全にハマス側に立っていましたが、これには、さすがにギラッド・コーヘン駐日イスラエル大使が記者会見で、

「ＴＢＳのニュースで、50年前にイスラエル人を殺害した重信の娘にインタビューしているのを見た。重信の娘は、日本のテレビでコメンテーターをしている。これは何だ？　ぞっとする」

と、怒りを爆発させました。

ＴＢＳは、重信房子が刑期を終えて出所した２０２２年も、『報道特集』のメイン

キャスターである金平茂紀氏や、ＴＢＳ『サンデーモーニング』コメンテーターの青木理氏らが彼女を出迎え、『報道特集』では、金平氏が「外へ出て一番感じていることとは？」と重信に質問し、「政治が一方向に流れている」という重信のコメントを紹介しています。

イスラエル大使の怒りの会見の２日後、京都市内で「反戦・反貧困・反差別共同行動」という左派系のイベントが開かれ、ここで講演を行ったのは、金平茂紀氏と重信房子でした。登壇した重信は20分以上にわたってイスラエル批判とハマス擁護論をぶち上げたんですよ。それと一緒に講演するって、金平氏は活動家なんでしょうか？　少なくともＴＢＳがずっとテロリスト側に立っていることは間違いないですね。

井沢　私は記者としてＴＢＳの内部にいましたが、かつては「報道のＴＢＳ」と言われていたように、今よりはまともな報道番組を作っていた気がします。

視聴率を上げようと、正義の味方面をしても、何の解決にもならないはずなのですが、そこのところが分からなくなってしまったのかもしれません。

金平氏はＴＢＳで私と同期なんですが、昔からそうでしたね。常に「弾圧」されているのだから、テロをした側の気持ちもわかる、という「論理」ですよね。要は、「弱い者イジメをするな」という、浅薄《せんぱく》な感情に訴えた報道になってしまっています。イジメられた者がやりかえす時には何をしてもいいのか、テロも許されるのかという、冷静な視点はありませんでした。

門田　ＴＢＳだけでなく、ＮＨＫなど、ほかの局もひどかったし、新聞も同じです。やはり、新聞で目についたのは朝日新聞ですね。私は朝日の報道に注目していましたが、期待に違《たが》いませんでした。わかりやすかったのは、同紙の10月11日付社説です。

〈イスラエルは占領地への違法な入植を拡大し、解決を遠ざけてきた。パレスチナ人を絶望の淵に追い込んだことが、今回理不尽な形で暴力が噴き出した背景にあることを忘れてはならない。有効な手立てを打てずにきた関係国の責任は重い〉

ああ、「来た、来た」と思いました。これが、ハマス側に立つ朝日の典型的な論理展開なんです。「パレスチナ人を絶望の淵に追い込んだ」のはイスラエルである、だから、テロに遭っても仕方ないんだ、というわけで、先の高橋和夫氏の意見と瓜二つでした。

典型的な〝どっちもどっち論〟です。これを読んだら、テロの犠牲になった家族は本当に激怒しますよ。絶望したらテロをしても許されるのか。朝日新聞記者の家族は、理由があるなら家族がテロに遭ってもいいのか、という話ですよね。

自分たちは「正義を支持しているんだ」、「世の中を公平に見ているんだ」という彼らが、実はテロを肯定しているわけです。彼らの基本は、善は善でも「偽善」であって、さらにその自分自身に「自己陶酔」しているのだから始末が悪いですよ。

吉田調書の大誤報で辞任に追い込まれた朝日新聞社長

井沢　朝日新聞には日本のマスコミの宿痾《しゅくあ》が如実に表れていると思います。門田さんはそんな朝日とずっと戦ってきましたよね。特に象徴的なのが朝日による「吉田調書」の誤報事件をめぐる戦いでした。

２０１１年３月11日の東日本大震災で全電源喪失に陥った福島第一原発の当時の吉

田昌郎所長から、政府事故調査委員会が7月から11月にかけて聴取した記録が吉田調書です。ただし吉田所長は2013年7月に亡くなっています。

門田 2012年7月に私は吉田所長へ長時間の単独インタビューを2回、行いました。吉田さんを説得するために、吉田さんに影響力を与えることができる幼なじみや同級生、先輩や恩師をはじめ、多くの方をまわりましたね。それでも、吉田さんが出てきてくれたのは、事故から1年4か月も経っていました。その取材内容を踏まえ、さらに多くのプラントエンジニアたちなど関係者に取材し、『死の淵を見た男―吉田昌郎と福島第一原発の五〇〇日』(PHP研究所、2012年)を出版したのです。

ところが、朝日が2014年5月20日から大キャンペーンとして開始した「吉田調書報道」に仰天してしまいました。すさまじいでっち上げで、あまりに事実と違うので衝撃を受けました。そこには、「3月15日に吉田所長の命令に違反して所員の9割が福島第一原発から福島第二原発へ撤退した」と書かれていたんです。福島第二への移動は、吉田所長の命令によるもので、事実が全く違う。吉田所長は私の取材にも、朝日が書いたような内容は何ひとつ話していませんでした。

井沢　朝日の記事には、職員たちがなぜ吉田所長の命令に反して撤退することになったのかという肝心な部分が抜けています。それでも記事がドーンと1面に載りました。

門田　私の『死の淵を見た男』では3月15日の場面は非常に重要なので、何十ページにもわたって書いているわけです。

朝日の記事が出たとき、私は吉田調書なるものは持っていません。まだ非公開とされていましたからね。しかし朝日の記事は私の本の内容を全部否定したことになるので、必然的に私が戦わなければならなくなりました。まず、一番先に声をかけてくれた『週刊ポスト』に8ページにわたって、朝日に対して「これは事実と全く違う」と反論記事を書いたのです。

これに対して朝日は、門田の論評は事実ではないから、「謝罪のうえ訂正しなければ法的措置を検討する」という内容証明を送ってきて、私を脅してきました。

井沢　朝日の誤報は国内ばかりか海外にも悪影響を及ぼしましたね。

門田　それまでは原発事故で発揮された日本人の勇気を讃えていた海外メディアの姿勢も、朝日の誤報で一変しました。すなわち、ニューヨークタイムズは「パニックに陥った作業員たちは福島原発から逃げ去った」と報じ、韓国のメディアは「福島事故時に職員ら　命令無視して原発から脱出」と書きました。誤報が日本人を貶めることになったのです。

井沢　では、実際に門田さんが吉田調書を入手したのはいつだったのですか。

門田　7月末に産経新聞の阿比留瑠比氏が入手し、私のところに持って来てくれました。かなり分厚かったですね。

それで産経のほか、共同通信、読売新聞が吉田調書を入手して8月に相次いでその内容を記事にしたので、3月15日の事実は朝日の記事と全く違う、むしろ「逆のこと」を吉田所長は言っている、というのが明らかになりました。

共同には私も協力しましたが、やはり共同の影響力は大きかったですね。

井沢　共同の記事は全国の地方紙に載りますからね。

門田　しかも当時の安倍晋三首相が、非公開とされていた吉田調書を9月11日にネットで公表すると決めたのです。「真実は国民がその目で確かめてください」というわけです。

吉田調書が公開された9月11日、ついに朝日は木村伊量社長が記者会見を開いて記事を取り消したうえで謝罪しました。吉田調書そのものがネットで公開されるわけだから、もう、朝日としては虚偽を言い続けることができなくなったのです。

さらに11月14日には、吉田調書の誤報だけでなく30年以上にわたる慰安婦の捏造報道も含めて責任を取る形で木村社長は辞任を表明しました。

井沢　さすがに、もう逃げられなくなった。最後の最後、そこまで追い詰められないと過ちを認めないというのは、朝日の……。

門田　特徴です。

井沢　たぶん朝日のマインドとは、〝門田みたいな右翼〟に頭を下げては新聞人としての良心が守れないというものなんですよ。

門田　とにかく朝日は、自分が崖から落ちるぐらい「極左」であるにもかかわらず、普通の現実派、つまり、右翼でも何でもない人たちのことが「右翼」にしか見えないのです（笑）。だから井沢さんや私のような人間を「右翼だ」とレッテル貼りをするわけです。単に私たちは「現実派」に過ぎませんけどね。

「垂れ流しが続いた従軍慰安婦のデタラメ記事」

門田　朝日新聞は2014年8月5日の朝刊で従軍慰安婦についての過去の報道を検証する記事を掲載しました。この慰安婦問題は木村社長辞任の一因にもなったわけです。

井沢　門田さんとしては吉田調書の誤報事件で朝日と争っている最中でもありましたね。

門田　だから、意外な展開で驚きましたよ。

井沢　従来、朝日は「済州島で200人の若い朝鮮人女性を『狩り出した』」という吉田清治という人物の証言を1982年9月2日の大阪本社版朝刊社会面で取り上げて以来、1990年代までに16回も報じてきました。

門田　それが8月5日の検証記事では「吉田氏が済州島で慰安婦を強制連行したとする証言は虚偽だと判断し、記事を取り消します。当時、虚偽の証言を見抜けませんでした」と書いたのです。

井沢　吉田の証言は1992年の時点ですでに虚偽ではないかという疑問が各方面から強

く指摘されるようになりました。そのため他紙は取り上げなくなったのに朝日だけが吉田の証言を鵜呑みにして以後もずっと記事化してきたのです。

それらの記事は韓国の反日世論を煽ったばかりか、１９９６年の国連人権委員会のクマラスワミ報告にも引用されました。国連人権委員会は左翼の集まりとはいえ、慰安婦の強制連行があったとする誤解を国際社会に広げることになってしまったのは確かですね。

門田　しかも朝日の報道では慰安婦と女子挺身隊とを混同しています。１９９２年１月11日に「主として朝鮮人女性を挺身隊の名で強制連行した。その人数は８万とも20万とも言われる」という解説が付された記事が掲載されました。

このタイミングが当時の宮沢喜一首相の訪韓直前だったため、宮沢首相は日韓首脳会談で謝罪の連続になってしまったのです。さらに、その記事は慰安婦の募集・移送・管理の強制性を認めてお詫びと反省を表明した１９９３年８月の河野洋平官房長官談話にもつながってしまいました。

井沢　朝日の長年にわたる一連の慰安婦報道は、全く証拠がないのに朝鮮の若い女性を慰安婦として強制連行したという虚偽を振りまきました。それが日本国の名誉を深く傷付けてしまったのは言うまでもありません。

朝日は、軍の指令による慰安婦の強制連行があったというデタラメ報道を始めてからその誤りを公式に認めるまで実に32年もの時間を費やしたことになります。つまりその間、読者に対して不誠実でナメてかかった態度を取り続けたのです。

門田　朝日は慰安婦で誤報をやらかし、吉田調書でもまた同じことをやらかしました。

井沢　朝日の慰安婦や吉田調書が犯した一連の誤報は、報道機関の単純なスキャンダルではなく、日本という国における報道を考えるうえでの大問題でもあります。

一国を代表する新聞が、子供でもわかる常識を失ってしまっていたことを真剣に憂慮しなければいけません。特に慰安婦については誤報なのは朝日もかなり前に気がついていたはずです。けれども、ミスをしたらすぐに謝るというごく普通の常識がなかった。それは記者の能力いかんの問題ではなく、朝日というマスコミの構造的な問題としか言いようがありません。

門田　付け加えると、安倍晋三氏が自民党総裁として再登場した２０１２年11月に日本記者クラブで党首討論会がありました。そこで朝日の星浩記者が「慰安婦問題はどうするのですか」と質問したところ、安倍氏はこう切り返しました。

「星さん、あれは、あなたのところが吉田清治というペテン師の話を広めたのではないですか」

いわば万座のなかで恥をかかされた朝日は、反論しようにもその通りだから反論もできませんでしたね。当の朝日も他社の記者も、朝日の「慰安婦報道」がウソであるのは百も承知のことなので、みんな黙っているほかなかったのです。

しかし、朝日は安倍氏に対する復讐心がさらに燃えて、モリカケ問題【注】などでも暴走をくり返します。いくら責めても、疑惑が「事実」とはならず、ただ、「疑惑はますます深まった」というような抽象的な言葉を連ねるだけだったのです。いくら権力者とはいえ、本当に可哀想でしたね。

【注】モリカケ問題：2017年前半に起こった森友問題と加計問題の総称。前者が学校法人森友学園の用地取得の経緯において、後者が学校法人加計学園の獣医学部新設の経緯において、

いずれも安倍晋三首相の口利きがあったのではないかという疑惑があるとされた。

「事実を主張に沿うように曲げるための「角度をつける」」

門田　新聞というのは報道と論評の両方を持っています。論評には、新聞の論説や主張、それに読者欄まである。

朝日新聞が何でここまでダメになってきたかと言うと、事実の報道と論評とを記者たちがごちゃまぜにしてしまったからです。論評面で「これはこうしなければいけない」と、いくら主張してもいいんです。しかし、事実は事実として客観報道したうえで論評しなければいけない。にもかかわらず、朝日は事実そのものを自分たちの主張に沿うように「ねじ曲げる」ようになった。朝日新聞の社内では、これは「角度をつける」という隠語で表されるものです。

記者が普通の記事を書いたら、デスクからバシッと「角度がついていない！」と叱られる。言い換えれば、「角度がついていない」というのは、「事実報道にしかなってないじゃないか。もっとこっちに寄せろ」という意味なんですね。私の友人も朝日にはいっぱいいます。彼らは記事に角度がついていないと、ボツにされてしまうと嘆いていました。

井沢　一般には「角度をつける」というのは聞き慣れない言葉です。でも、何となくわかりますね。

門田　私と朝日との戦いで言うと、２０１４年の慰安婦問題では朝日に第三者委員会ができて、そこに外交評論家の岡本行夫氏が入りました。

岡本氏は第三者委員会の社内ヒアリングで「角度をつける」という言葉に何度も遭遇して、最初、その意味がわからなかったんです。しかし、あまりに頻繁に出てくるので後に、「新聞社が自分たちの主張に合わせて報道を曲げるというような意味だと知って、そんなことがあるかと驚いた」と回想しています。

井沢　事実を伝える報道に、何で角度がいるのでしょうか……。

門田　先の福島第一原発の吉田調書の誤報も典型的な「角度をつけた」報道です。９割の所員には吉田所長の指示に「逆らって逃げてもらわなくてはいけない」から、そう角度をつけたわけです。逆に言うと、角度をつけないと自分たちが勝手に思い描いたシナリオが「完成しない」ということなのです。

井沢 本当に酷いね。

少年法改正では週刊誌の果たした役割も大きかった

門田 私が朝日新聞と戦ったものに少年法の問題があります。これにふれる前に少年法に関連して言うと、マスコミでは、殺人を犯した少年の顔写真を出版物に載せるかどうかがいつも議論になります。

井沢 殺人を犯したのだから少年であっても顔写真を出版物に載せるのは許されるはずだという一部の週刊誌と、許されないとする新聞の対立ですね。

門田 『週刊新潮』のデスクだった私も、この問題では新聞記者たちといつも対立しました。彼らは少年法第61条で「それは禁じられている」と言うのです。確かに第61条には、加害少年の氏名や写真の掲載を禁ずる規定があります。

しかし以前は、新聞各紙も浅沼稲次郎社会党委員長を刺殺した山口二矢（当時17才）や連続射殺事件を起こした永山則夫（当時19才）らの実名を報じてきました。

井沢　その61条があっても実名報道ができたのには理由があったのですね。

門田　ありました。少年法には総則第1条で、「少年の健全な育成を期し、非行のある少年に対して性格の矯正及び環境の調整に関する保護処分を行うとともに、少年の刑事事件について特別の措置を講ずることを目的とする」と定められています。

とすれば、少年法の対象はあくまでも「非行のある少年」であって、殺人事件を犯した、いわゆる犠牲者を伴う重大犯罪による凶悪犯が「非行のある少年」であるはずがないのです。つまり、これには少年法の範囲ではない、刑事訴訟法の範囲になる、と当時の新聞は考えていたのでした。まっとうだと思います。

けれどもいつの間にか新聞は、「非行」を超えた凶悪事件の犯人にも、少年であるというだけで実名報道を控えるようになったのです。それどころか、かつては自分たちもやっていたのに、朝日を筆頭に新聞は社説で「ひとりよがりの正義感」「売らんかなの姿勢」などと、実名報道をした雑誌を繰り返し非難してきたわけです。

井沢　そうしたなか、実名報道の是非や少年法の刑罰の軽さが特に問題になったのが１９９７年に起こった神戸連続児童殺傷事件でしたね。

門田　この事件は、〝酒鬼薔薇聖斗〟を名乗る少年が児童の頭部を切断して校門に置くという残虐極まりないものでした。これが少年の非行に収まらないことくらい、記者ならわかるはずです。

実際、この凶悪事件は少年法では裁かれず、当の少年は家庭裁判所から検察に逆送されて、刑事訴訟法によって裁かれました。法廷にいけば、氏名も罪名もすべて明らかにされ、目の前に少年が腰縄姿で入ってきますよ。これ、少年法第61条に反していますよね。

しかし、少年法総則第一条で少年法の範囲はあくまで「非行のある少年」なのですから、何の問題もないのです。凶悪少年は少年法で守られる存在ではなく、刑事訴訟法によって裁かれるのですから。それでも新聞やテレビは匿名報道を続けました。完全に「思考停止」です。彼らは、お上が判断してくれなければ、何の判断もできないのに加え、「法律に則った実名報道」に踏み切ることもできないのです。

井沢　その後、少年法が一部改正され、罪を犯した少年への扱いも厳しくなりました。

門田　少年法を改正すべきだとして私は10年以上も、それに反対する朝日と戦いました。だから、改正が実現したのは、われわれ雑誌メディアの役割も大きかったと思いますよ。

この少年法の改正では、河村建夫衆議院議員（当時）がものすごく頑張りましたね。私も河村議員ら「少年法改正推進派」には、いろいろと協力しましたよ。しかし、その後、親中派で親韓派の河村氏に対しては、なぜ国を売るようなことをしているんだろうと疑問を持っています。

井沢　少年法と親中や親韓は直接関係ないからね。

門田　私が協力したことの1つが、神戸連続児童殺傷事件での被害者・土師《はせ》淳君の父親の土師守氏と、山形マット死事件[注]での被害者・児玉有平君の父親の児玉昭平氏に、少年法改正に向けて国会で証言するように説得したことです。

国会で証言した2人に対し、少年法改正反対派で、弁護士でもある福島瑞穂参議院議員ですら何も質問できませんでした。もう質問のしようがなかったんですね。

井沢　少年法改正への反対のような、朝日のやっていることを叩き潰すことが、日本がよくなる1つの証なんですよ。

【注】山形マット死事件：1993年1月13日に山形県新庄市の中学校1年生の男子生徒（当時13歳）が用具室のマットのなかに逆さに突っ込まれて窒息死しているのが発見された事件。学校でのいじめの深刻さが大きな問題となった。

「非民主的な日本共産党を批判しないダブルスタンダード」

井沢　朝日新聞の姿勢はダブルスタンダードでもあります。例えば朝日は日本共産党に甘い。その訴えや言論を必要以上に好意的に紙面で取り上げてきました。でも共産党の志位和夫委員長は首長選挙や議員選挙で負けても負けても、もう20年以上も委員長として党のトップに居座っています。つまり、党内で民主的な選挙が行われないから長期間君臨できるのに、民主主義が大好きなはずの朝日はそれを全く批判しません。

門田　しかし志位体制への不満から、2023年に入って共産党の2人の古参党員が相次いで党改革を訴える著書を出版しました。1人は非現実的な安全保障政策の転換と党首の公選制を訴えた元党本部職員の松竹《まつたけ》伸幸氏。もう1人は、党の改革を提言し執行部の刷新を求めた元党京都府委員会職員の鈴木元氏です。要するに、民主的な選挙で党首を選べるようにしてほしいということです。

井沢　共産党の党員であっても、民主国家の日本で生活しているわけですから、民主的な選挙もしないまま同じ人間が20年以上も党首をやっているのはおかしいと思うのは当然でしょう。

一方、岸田文雄氏は自民党の党内選挙を経て党首となり、国会で首班指名を受けて首相に選ばれています。民主主義の手続きを踏んで選ばれたリーダーという点で共産党の志位委員長とは雲泥の差があるのです。

門田　しかも著書で党改革を訴えた2人は2月と3月に相次いで共産党から除名されてし

まいました。除名の理由は2人とも「分派活動を行った」というものでした。党改革を訴えただけで除名というのでは、もう滅茶苦茶ですね。

井沢　〝志位〟委員長は実は〝恣意〟委員長だと揶揄されていますよ。「自分のほしいまま」の恣意ということです。

門田　共産党を支えてずっとやってきた活動家まで除名かよ、ということで、さすがにコアな共産党の党員たちも動揺し、以後、共産党への支持はさらに落ちてきました。

２０２３年春の統一地方選の場合、道府県議選と政令市議選では前回獲得した議席の2割、一般市議選でも1割を失うという大敗北を喫してしまったわけです。

井沢　朝日は自民党がちょっとでも変なことをしたら「非民主的だ」などと言ってがんがん叩きます。鬼の首を獲ったかのように「非民主的だ」とか「ルールに従え」とか批判記事を書き立てます。ところが、共産党に対してはそのような批判はしない。まあ、今回の除名についてはあまりにもあからさまだったため、多少は批判せざるを得なくなったようですが。

いずれにせよ、民主主義を掲げながら日本でいちばん非民主的な団体である共産党を正面からきちんと批判しないというのは、朝日のダブルスタンダードなのですよ。

いまだに300万部も売れているのは驚きでしかない

井沢　僕が小学館発行の雑誌『ＳＡＰＩＯ』に初めて朝日新聞の批判を書いたら、朝日から小学館の社長宛てに「こんなやつに書かせるな」という抗議文が送られて来たのでした。

抗議文には「悪質なことばの凶器」という言葉も使われています。送付元は朝日の秘書室長で、その後には出世して地方のメディアのトップにもなったようです。

門田　抗議をするのなら本来は、批判を書いた本人にすべきですよ。それが、批判を載せた雑誌を発行している出版社の社長に抗議するとは……

井沢　しかも、言論で批判を受けたなら同様に言論で反論すべきなのに、一方的に「悪質なことばの凶器」という言葉で決めつけたのです。まさに傲慢極まりありません。

門田　でも見方を変えれば、その当時なら朝日もまだ新聞社として余裕があったので、傲慢な態度を取ることもできたのでしょう。

今、朝日では社員の流出が止まらなくなっています。外交・米中関係担当の編集委員だった著名なジャーナリスト・峯村健司氏が辞めてしまい、2023年7月には3人の敏腕記者が辞めました。朝日の人材流出が止まらなくなったのは、社員にも朝日という組織はもう持たないということがわかったからです。

井沢 沈んでいく船からネズミが逃げるのと一緒ですね。

門田 朝日の凋落は部数減にもはっきり表れています。最盛期には850万部に達していたという部数も、今や実売で300万部を切るところまで落ち込んでしまいました。ガタ落ちです。

2023年5月には値上げに追い込まれました。けれども値上げは売上増につながるのではなく、むしろ部数減で逆に売上減に拍車をかけています。

井沢 部数では昔に比べれば朝日の影響力は明らかに落ちています。しかし僕にしてみれば、「あれだけデタラメを書いて、まだ300万部も売れているのかよ」という感じですね。

門田　そういう意味では驚異かもしれません。

井沢　朝日がなぜまだ300万部も売れているかと言うと、それはやはり日本人の基本的心情に沿っている部分があるからだと思います。つまり、「言霊」があるから日本人は嫌なことを聞きたくなく、それで新聞も嫌なことを書かないほうが売れる。言い換えれば、嫌なことを書いていない新聞ほど日本人は安心して読めるのです。

もっとも、そんな日本人の基本的心情を知ってか知らずか、嫌なことから目をそらすというのは昔からの朝日のお家芸みたいなものでしょう。

第2章

北朝鮮をめぐる幻想の報道

「朝日は北朝鮮のミサイル発射を平和目的だと断言」

井沢　僕が今のテレビなどを見て隔世の感を持つのは北朝鮮のミサイル報道ですね。

昔は日本のマスコミは「北朝鮮がミサイルを発射した」とは全然伝えませんでした。ミサイルだと知っていたとしても口を拭い、北朝鮮の発表を受けて「飛翔体は人工衛星」と言っていたのです。

今は北朝鮮が「平和目的で人工衛星を載せるロケットの発射実験をした」と宣言しても、日本のマスコミは当たり前のように「北朝鮮がミサイルを発射した」と伝えています。それが隔世の感なのです。

門田　北朝鮮が初めて開発に成功した弾道ミサイルは準中距離の「ノドン」でした。それが１９９３年5月に発射されたとき、日本海に落ちてしまい、日本列島には届かなかった。

井沢　この典型的なミサイル発射実験では、飛翔体と呼ばれるものを飛ばしたところ、日本海に落ちたので、それに日本中が大騒ぎしたら、見計らったように北朝鮮が「平和目的だった」と言いました。朝日新聞はすぐにそれに乗って、「ノドンは脅威ではない」「平和目的の人工衛星打ち上げだ」「放っておいても大丈夫」と日本国民の不安を無視して偏った主張を書いたのです。

門田　日本国民にとってノドンの発射は初めての事態だったので大きな驚きでしたね。

井沢　だから当時、防衛庁もアメリカ国務省もまだ何も見解を発表しなかったとき、僕はこれは大変なことになるぞと思って、「北朝鮮のミサイルがアメリカに届く」とまでは言わなかったものの、「北朝鮮が実験を始めたのを放っておいたら、いずれ日本が危険に陥る」という話をしたのです。そのため僕は、「右翼だ」と言われました。

門田　左寄りの人たちにとっては、北朝鮮や中国に軍事的な批判をする者は誰であっても右翼なのですよ。

井沢　朝日に話を戻すと、ノドン発射から5ヵ月ほど経った1993年10月2日の紙面で防衛庁制服組の勉強会の様子を報じました。その出席者はみんな、口を揃えて「脅威ではない」と言ったと紹介されています。こんな勉強会が本当にあったのかどうかも疑わしい。いずれにせよ朝日としては「ノドンなど大したことはない」と言いたいわけです。

門田　朝日のような報道を真に受けると、国民の北朝鮮に対する警戒心も薄れてきます。

井沢　まさにそうですよ。現実の危機を無視した間違った朝日の報道も功を奏して、結局、１９９５年には日本政府は総計50トンものコメを北朝鮮に援助したのでした。日本によるいわば太陽政策です。

しかし北朝鮮は１９９８年8月31日、ついに日本列島を飛び越える長距離弾道ミサイル「テポドン」の発射実験に成功しました。日本国内も攻撃できることを見せつけたわけです。

当然、まともなジャーナリストは差し迫った危険を訴えました。対して北朝鮮はやはり「あれは平和目的の人工衛星だ」と言い放ったのでした。その発言を喜んだのがやはり親北朝鮮派の朝日にほかなりません。１９９８年9月5日夕刊のコラム「素粒子」では臆面もなく「人工衛星ならまことにけっこうなことである」と書いたのです。

朝日は「平和目的の人工衛星」という北朝鮮のフェイクを鵜呑みにして、いまだに恬として恥じていません。

門田　韓国の太陽政策で逆に北朝鮮は増長してしまいましたね。

井沢　マスコミの使命という観点から言えば、人工衛星ではなくミサイルだという的確な情報を伝えなければなりません。民主主義ではない国のマスコミは政府の宣伝機関だったりします。しかし民主国家のマスコミには本来、国民の目となり耳となるという自覚が求められるのです。

門田　現実には、「北朝鮮幻想」を持ったままの人にとっては、北朝鮮の飛翔体はミサイルであってはならないわけです。専門家たちが「これはもう衛星などではなくミサイルです」と言っても、日本のマスコミはそれを絶対に信じないというか、否定していました。

その後には北朝鮮の核問題も発覚して、北朝鮮の核開発をやめさせるために日本、アメリカ、中国、ロシア、韓国、北朝鮮による6ヵ国協議が行われるようになりました。北朝鮮は次から次に軍事的な問題を引き起こすわけです。北朝鮮に幻想を持つほうがおかしい。

北朝鮮帰国事業を強く後押しした日本のマスコミ

井沢　日本の大マスコミ、特に朝日新聞がいかに共産国家好きだったかを考える際、それによって計り知れない被害者を出してしまった例として挙げられるのが、北朝鮮帰国事業の報道です。

それが、１９８４年に終了するまでの約30年間にわたり行われた、在日朝鮮人の北朝鮮への集団永住帰国を強く後押ししました。報道の質が酷いとか杜撰だとかと言う以前に、非常に大きな悲劇を生んだ一種の犯罪に近い行為でした。

１９５９年から60年代初めの朝日の紙面には「お金持ちの朝鮮、ドロボーのいない街・平壌」といった見出しが踊っていました。「北朝鮮は地上の楽園だ」というキャンペーン報道の一環です

そのキャンペーンは、「北朝鮮では金日成主席の素晴らしい指導の下、人民が一丸

となって社会主義建設を進めている。希望に満ちて生き生きとした表情の人民の暮らしは日ごとに向上している」といった、虚偽に満ち、悪意または悪い冗談としか思えない内容の記事のオンパレードでした。

門田　日本のマスコミによる〝地上の楽園報道〟では、北朝鮮には食べ物も豊富で、家賃もなく、貧富の差もないといったことが盛んに喧伝《けんでん》されていました。

そのとき朝日では入江徳郎、読売新聞は嶋元謙郎、共同通信では村岡博人などの左翼記者が北朝鮮を礼讃する地上の楽園報道で北朝鮮への帰国事業を煽っていたのです。その結果、北朝鮮は本当に「地上の楽園だ」と多くの日本人や在日朝鮮人たちが信じたのでした。

井沢　日本赤十字社の仲介で日朝帰還協定が調印された翌日、1959年8月14日の朝日の社説にはこうあります。

「韓国支持の団体が日本国内で帰還反対運動を企てる動きがあるのは、甚だ遺憾なことと言わねばならない。故国に帰りたいという個人の意思を政治的な理由で阻止することは許されない。ましてや、再開された日韓会談で、韓国側が北朝鮮帰還問題をとり上げようとする意図がかりにもあるとするならば、人道問題と政治とを混同するのも甚だしいと言うほかはない」

一方だけの肩を持っての偏向的な報道姿勢以外の何ものでもありません。

門田　日本のマスコミは、社会主義幻想というか、とにかく北朝鮮や中国が大好きなのです。私の親父も左系だったので、よくわかります。

井沢　知りませんでした。門田さんはそういう家庭で育ったのですね。

門田　ある意味で内側から見ていたからこそ、よく実感できました。

「日本のマスコミを信じて地獄に行って苦しんだ人々」

井沢　日本のマスコミのいちばんの罪はまず北朝鮮の帰国事業を煽ったことです。

在日朝鮮人の人たちは、立場からして北朝鮮をほめるしかない朝鮮総聯（在日本朝鮮人総聯合会）系の人々とは違って日本の新聞は第三者なのだから客観的な目で北朝鮮の実情を伝えてくれていると思いました。それで日本のマスコミの北朝鮮礼讃記事を信じ、迎えにきた帰国船に乗ってかの地へ渡って行ったのです。
ところが、後に命がけで北朝鮮から逃げてきた人々の証言で、北朝鮮は天国どころか地獄そのものだったということが明らかになります。

門田　日本のマスコミの北朝鮮礼讃記事で地獄に行ってしまった。

井沢　帰国船で北に渡った人々は、身元が卑しいということで激しい差別を受け、日本への帰国を念願しても1人として許されず、毎日血の涙を流して北朝鮮に来た自らの行為を後悔しました。デタラメな情報を流して帰国熱を煽った日本のマスコミに対して、「何で騙されてしまったのか。記事を鵜呑みにした自分が悪かったのか」と恨みました。
北朝鮮に渡った人のなかには朝鮮労働党の幹部に愛されて出世した人もいたかもしれません。でも9割以上は酷い死に方をしたと思いますね。

門田　日本のマスコミで帰国事業に警鐘を鳴らしたところはどこもありませんでした。帰国事業には日本の全マスコミが加担していたと言えるでしょう。

井沢　僕が記者だった当時、第一線にいた東京新聞の記者と飲んでいたとき、帰国事業の話になったら、その人が「北朝鮮への帰国熱を煽ってしまったのは生涯の痛恨事だ。あのときは申し訳ないことをした」と言って涙ぐんでいたのを今でもよく覚えています。

門田　良心の呵責に苛《さいな》まれた記者もいたわけですね。

井沢　ただ、そういう人はむしろ少なかったと思います。

悲惨な歴史としては、北朝鮮の宣伝工作に乗せられた日本のマスコミが「北朝鮮は素晴らしい国だ。日本から帰国する人を大歓迎する」と煽ったため、それを信じて大勢の在日朝鮮人が北朝鮮に渡ったのです。

だから私は、帰国事業を煽ったマスコミの人々に、「あなたたちは裕福な暮らしをして好きなものを食べて何とも思わないのか。人間としての最低限の良心の呵責みたいなものはないのか」と強く抗議したいですね。

「帰国者は船に乗ってすぐに北朝鮮の惨状に気がついた」

門田　1995年に『帰国船』（鄭箕海著）という本が文藝春秋から出たんですよ。著者は帰国事業で北朝鮮に渡って、その後、ものすごい苦労をした末に中国に脱出して日本に帰ってきた人です。この本を読むと、当時の記事に騙されて北朝鮮に渡った人たちの絶望的な気持ちと、かの地での悲惨な暮らしがリアルに伝わってきます。

井沢　脱北者になったのですね。

門田　その脱北者によれば、どの時点で「しまった」と思ったかと言うと、新潟港で見送りの人たちと泣きながら別れて北朝鮮の船のデッキに上がった瞬間でした。北朝鮮に着いてから、おかしいと気がついたのではありません。

その船の「臭い」が文明国家のものとは全く違っていたのです。ボロ船のうえに船内は不潔。頭が痛くなるほどの臭いの劣悪な環境でした。女性接待員の格好はみすぼらしく、「話が違う。もしかすると自分たちをとんでもないところに連れて行こうとしているのではないか」と不安に駆られました。そこから始まって、すごくリアルな描写が続いていきます。

北朝鮮の清津の港に着くと、岸壁に歓迎のための人々が集まっていました。みな生気がなく、そこには「躍進する社会主義国」のイメージなどまるでなかった。驚くと同時に、騙されたと確信したのです。

船に乗って北朝鮮が地上の楽園などではないと最も早く気づいたのは、『帰国船』の著者だったわけです。この本を読むと、もう恐ろしくなります。

井沢　北朝鮮の実態は、帰国者が船に乗ってすぐ気がつくほどの惨状だったのですね。

門田　当時、社会主義幻想が日本全体に蔓延していました。日本のマスコミの報道がそれに拍車をかけたため、地上の楽園である北朝鮮へ帰国するということになったわけです。帰国した人たちは合計で10万人近くにもなります。

井沢　そのなかには在日朝鮮人の男性と結婚していた日本人妻も数多くいました。

門田　日本人妻は日本人なのですから、なおさら現地での生活は大変だったでしょう。

井沢　今は日本人妻の証言も出ています。それは日本で生活している者の想像を絶するものです。

もちろん北への帰国熱を煽ったのは朝日新聞だけではありません。けれどその後に北朝鮮の現状がわかってからも、朝日だけは北朝鮮が良い国であるかのような報道を飽きもせずに繰り返したのでした。
それに、脱北者が命懸けで逃げてきて証言していても、日本のマスコミでその証言を取り上げたのは産経新聞ぐらいしかないのですよ。

「日本の在日朝鮮人は北に渡った人を人質に取られている」

井沢　北朝鮮帰国事業がさらに重大なのは、結果として在日の人たちが北朝鮮に人質として取られたということです。帰国者は日本に残った同胞から援助を引き出すことに使われてしまいました。
親族が北に渡ってしまったがために、その親族の立場を慮って、内心では北朝鮮が嫌いなのに言いたいことも言えず、心ならずも日本で反日活動をしなければならなかった人もいます。

門田　人質のせいで気持ちと行動を一致させられない在日朝鮮人がいるわけですね。

井沢　気持ちと違う行動をするのは非常に辛いと思います。

僕は以前、朝鮮学校を告発する内容の本を出したことがありました。するとある日、1人の在日朝鮮人が僕のところにやって来て、他の人がいるところでは「朝鮮学校を告発する本を出すなんて、あなたはとんでもないことをした。許されないことだ」と文句を言うのです。

ところが、2人きりになったら「うちの息子を行かせたくないので、朝鮮学校を早く潰してください。お願いします。頑張ってください」と言われました。北朝鮮に親族が人質に取られているから、表と裏の顔を使い分けざるを得ないのです。

門田　在日朝鮮人だからと言うべきか、在日朝鮮人であってもと言うべきか、朝鮮学校に子供を行かせたくない親も少なくないと思います。

井沢　日本の朝鮮学校ではまるでヒトラーユーゲントのような酷い教育をしていました。自分の子供にそんな教育を受けさせたいはずがありません。

朝日新聞などは、多くの在日朝鮮人の本心に反して、「朝鮮学校には言論の自由がある。援助すべきだ」などとバカなことばかり書いていました。

また朝日は、例えば名古屋の河村たかし市長が「朝鮮学校にお金を出すのはおかしい」と言うと、「学問の自由の妨害だ」とか「思想の自由の妨害だ」と書いて批判するのです。

門田　朝日の記者も取材をしていれば、在日朝鮮人の本心はわかるでしょう。

井沢　それでも書かないのですよ。北朝鮮に渡った人たちにとっても日本に残った人々が命綱でした。帰国船の悲劇は海峡を挟んで北朝鮮と日本の双方に起きたとも言えます。

北朝鮮の地獄を書いた『週刊朝日』のゲリラ的な活動

井沢　朝日新聞の論調は一貫して、あくまで「韓国は悪、北朝鮮は正義」でした。

確かに韓国の朴正熙大統領は独裁者として民主主義の原則をいくつも踏みにじりました。それでも曲がりなりにも朴正熙は選挙で選ばれた大統領であって、その点で金日成とは全く違います。

「韓国は独裁国家、北朝鮮は民主的な共和国」という誤った観念から長らく抜け出せなかったのが朝日なのです。

門田　日本のマスコミは社会主義幻想の下で、とにかく中国や北朝鮮の応援をしてきました。悪はアメリカ帝国主義だったのです。その社会主義幻想は、北朝鮮がミサイルを発射する前までは確実に続きましたね。

井沢　朝日は特に社会主義幻想が強かったのです。百目鬼《どうめき》恭三郎氏は著書『新聞を疑え』（講談社、１９８４年）で、あるときの社内会議の席上、現場の責任者の部長が「それにしても、韓国に対する偏見は何とかならないものか」と社の姿勢をぼやいた、という貴重な証言を残しています。

門田　だからでしょう、『週刊朝日』が「凍土の共和国」という記事を１９８０年代の終わりに連載したことがありました。のちに単行本化されますが、その中身に私はびっくりしましたよ。

井沢　その連載では、逆に「北朝鮮は地獄だった」ということが書かれていましたね。

門田　まさに『週刊朝日』が北朝鮮の地獄を書いたのです。朝日だけに社内でも揉めたに違いありません。連載を読んで朝日のなかにも良心派がいるんだなと思いました。確かに『週刊朝日』には稲垣武氏などもいたし、新聞には百目鬼恭三郎氏など、破天荒な常識人もいた。警察関係に強かった鈴木卓郎さんもおもしろい人でしたね。だから、突然、ボコッとこのような連載が出たのだと思うのです。この連載の反響は大きかった。

井沢　朝日では『週刊朝日』と本紙の派閥争いみたいなのがあって、それが激しいときには「凍土の共和国」のような記事が『週刊朝日』に載るようです。

門田　今はもう『週刊朝日』は休刊になってしまいました。しかし『週刊朝日』は編集長の扇谷正造氏が販売部数100万部を突破させたこともあります。やはり新聞にできないものをゲリラ的にできたわけですね。

以後も、川村二郎氏など朝日的ではない人が何人かいて、そういう人が編集長のときには、ときどきけっこう面白い記事が出ることがありました。ゲリラ的なことをやれた時期は何度もあったのです。

けれども、『週刊朝日』は出版局なのにだんだんと編集局に侵蝕《しんしょく》されていって、冒険ができなくなっていきました。

「無視されてきた北朝鮮の拉致を認めた国家公安委員長」

井沢　北朝鮮帰国事業の後も日本のほとんどのマスコミは、世界でいちばん民主的な国はどこだとなったら、それはソ連であり中華人民共和国であり北朝鮮だということで、そういう素晴らしい国々を見習うべきだという方向に走りました。

門田　しかし中国は、北京の天安門広場や長安街通りに集まって民主化や政治的自由を訴えるようになった若者たちを、戦車まで動員して鎮圧するという天安門事件を１９８９年６月４日に起こしました。

中国の学生たちの民主化運動に理解を示していた日本のマスコミとしても、民主化運動が弾圧されたのは認めざるを得ず、今までのような無邪気な中国礼讃をやりづらくなったのです。しかし北朝鮮なら礼讃を続けてもいいだろうということで、依然として社会主義幻想の下で北朝鮮にすがったのでした。

井沢　１９９０年９月には自民党の実力者だった金丸信氏が、仲のよかった社会党の田辺誠氏と一緒に自民党と社会党の合同訪朝団として、北朝鮮の平壌を訪問しましたね。

門田　北朝鮮の独裁者だった金日成が金欲しさで招いたのです。金丸はマスゲームで大歓迎されて大喜びし、北朝鮮に完全に騙されました。日本のマスコミは金日成が大好きでしたから、この金丸訪朝についても「素晴らしい」という礼讃記事を大いに書きました。

井沢　しかし北朝鮮による日本人の拉致については、金丸訪朝の10年も前から疑惑が出ていましたね。

門田　１９７８年に福井県、新潟県、鹿児島県でそれぞれカップルが失踪する事件があったわけですね。合計３組６名が消えたこのアベック失踪事件を、１９８０年１月に産経新聞が１面トップで「アベック３組ナゾの蒸発　外国情報機関が関与？」という見出しによる記事を載せました。これは読めばわかるように、はっきりと北朝鮮による犯行であることを示唆したものです。

このスクープは産経新聞の阿部雅美記者によるもので、世間にもそれなりの衝撃を与えました。しかし当時は、政界でも社会党をはじめ親北朝鮮勢力が強く、社会主義幻想の強かった朝日新聞や毎日新聞なども産経の記事を信用しなかったため、北朝鮮とは関係ないこととして、この問題を無視する形となったのです。

井沢　当時の日本には「北朝鮮は拉致などしていない。そんなことを言うやつは右翼だ」と信じて疑わない人が大勢いましたね。

朝日の場合、北朝鮮が日本人を拉致したと公式に認めるまで、明らかに北朝鮮派と思われる人間をコメンテーターとして使ったり、北朝鮮についての否定的な情報をカットしたりして、日本における「拉致はない派」の代表的な存在となりました。見方を変えれば、北朝鮮が日本人を騙すのに大いに手を貸していたことになります。

門田　ただ1988年3月、日本共産党の橋本敦参議院議員が参議院予算委員会で、梶山静六国家公安委員長に対し、アベック失踪事件について見解を問い質したことがありました。

これに梶山委員長は「昭和53年（1978年）以来の一連のアベック行方不明事犯、おそらくは北朝鮮による拉致の疑いが十分濃厚でございます。解明が大変困難ではございますけれども、事態の重大性にかんがみ、今後とも真相究明のために全力を尽くしていかなければならないと考えております」と答えたのです。

井沢　「北朝鮮による拉致の疑いが濃厚」という答弁だったのですから、日本のマスコミも大きな衝撃的を受けたのではなかったのですか。

門田　ところが日本のマスコミは新聞社もテレビ局も、この衝撃発言を無視しました。新聞では産経がベタ記事にしただけでした。他の新聞はどこも取り上げていません。

新聞社には事実を嗅《か》ぎわける能力がなかったのに加えて、北朝鮮に都合が悪いことなど書きたくなかったのです。産経でもそのときには編集局から阿部記者がいなくなっていたので、ベタ記事にしかならなかった。

井沢　日本人は嫌なことや聞きたくないことは聞きたくない、自分が望んでいる方向に行きたいという言霊信仰による習性があります。歴史学者のような歴史を扱う人間は本来、日本人にはそういう習性があるから、記事を書く側も新聞を買う側も気をつけよと警告しなければならないのです。

それを歴史学者は全然やっていない。だから「北朝鮮は夢の国です」と書く新聞のほうが、「北朝鮮は拉致をやっているとんでもない国だ」という新聞よりもこれまで売れてきました。そういう意味では、最終的に新聞に金を払って買うのは国民なので、あえて言うと、バカな国民がバカなマスコミを育ててきたということになるかもしれません。

日本のマスコミの社会主義幻想を一気に崩した小泉訪朝

門田　産経のスクープがあっても日本のマスコミは、北朝鮮による日本人の拉致など絶対にないという姿勢で拉致問題を報じてこなかったわけです。

それが１９９６年になって日本共産党の橋本議員の秘書だった兵本達吉氏が、横田めぐみさん失踪事件について彼女の父・滋氏に元北朝鮮工作員の目撃証言を伝え、これをきっかけに翌年、家族会（北朝鮮による拉致被害者家族連絡会）が結成され、日本人拉致問題が国民的関心事になりました。

産経新聞が拉致をスクープしてから20年も経って、ついに拉致の事実が発覚したのです。でもそのときには、かつてスクープした記者は、現場にはいなくなっていました。

日本共産党では、国会議員よりも議員秘書のほうが実力がある場合が多い。兵本秘書は１９８８年に橋本議員を予算委員会での質問に立たせ、梶山国家公安委員長から「北朝鮮による拉致の疑いが濃厚」という発言を引き出すことに成功した人物です。また兵本氏は産経の阿部記者と拉致問題についてずっと情報交換を行ってきました。

こうして拉致問題が国民的関心事になったとはいえ、解決に向けての政治の動きはまだ鈍いものでした。

井沢　状況が一変したのは２００２年9月の小泉純一郎首相による北朝鮮訪問です。最高指導者の金正日と会談して日本人の拉致を認めさせました。さらに日朝国交正常化交渉再開の合意等を盛り込んだ日朝平壌宣言に調印したのでした。

小泉氏は、今は反原発運動などいろいろと問題はあります。けれども金正日に拉致を認めさせたことは、日本の外交史上に燦然と輝く功績です。

北朝鮮が拉致を認めたことが伝わったとき、ＴＢＳの報道番組「ニュース23」のキャスターだった筑紫哲也氏は、絶句して言葉がなかなか出なかったそうです。

ＴＢＳ時代の私の同期である金平茂紀氏はこの番組の担当デスクをしていました。ノドンの発射実験があったとき、彼は北朝鮮を擁護していましたし、拉致問題について否定的な姿勢の番組のリーダーでした。筑紫氏の腰巾着をずっとやっていたからでしょうね。

門田　小泉訪朝で金正日が拉致を認めたとき、『週刊新潮』の記者も訪朝団に同行していました。私は担当デスクとして社にいましたが、その記者から衛星電話で横田めぐみさんがすでに亡くなっていると北朝鮮が伝えてきたことの第一報が入ってきたんです。

北朝鮮が伝えてきたことをそのまま「横田めぐみちゃん、死亡！」と私が叫んだら、編集部員たちから「えっ？」「まさか！」と声が上がり、そのあとシーンとなりました。編集部の空気が固まってしまったことを覚えています。２００２年９月17日のことです。

この小泉訪朝は、同時に日本のマスコミの社会主義幻想を一気に崩しましたね。それまで北朝鮮を地上の楽園と囃し立てていた時代から、社会主義幻想は枯れることなく日本のマスコミのなかで持続されていました。それは「とにかく中国や北朝鮮の応援をする」というものです。

井沢　興味深かったのは、小泉訪朝の前に日本社会党の機関誌に「拉致は創作された事件」と主張した論文が載ったことです。金正日が拉致を認めた後もその論文はしばらく取り消されませんでした。

また、長らく日本ではテレビのアナウンサーは「北朝鮮」と言った後に必ず正式な国名である「朝鮮民主主義人民共和国」と続けて言わなければなりませんでした。これは北朝鮮が民主主義の国だということを強調することになります。

そう言わないとデスクに叱られたのです。日本のテレビには、北朝鮮は民主主義の国、人民の国という抜きがたい固定観念があったのでしょう。

門田　小泉訪朝を機にテレビのアナウンサーも北朝鮮の正式な国名を付け加えることはしなくなりましたね。

拉致の家族会の会見は日本の報道に大きな影響を与えた

門田　先ほども言ったように、拉致された日本人たちの家族を中心に1997年3月に結成されたのが家族会でした。朝日新聞は「拉致などない」として今で言う陰謀論をずっと唱えていました。

小泉訪朝直後の家族会の記者会見はジャーナリズムの歴史でも非常に大きかったと思います。そこで家族会の1人が「いったい政治家の連中は何をやっていたんだ。北朝鮮と親しい連中、特に土井たか子!」と言って、今まで社会主義幻想のマスコミにくっついていた国民の錯覚を砕《くだ》いたのです。

井沢　記者会見では家族会の横田早紀江氏もやっぱりすごかった。ご主人の横田滋氏は訥弁だったので、早紀江氏が拉致されためぐみちゃんへの思いとともに「みなさま、本当にいろいろ力を尽くしていただいてありがとうございます」と言って、日本全国の国民を泣かせました。この記者会見は日本の左翼ジャーナリズムをひっくり返すものともなりましたね。

門田　あの早紀江さんの言葉が日本中を揺り動かしました。歴史的でした。朝日の読者などは、朝日の記事を信じていたがゆえに、最も「騙され続けた」日本人ですが、あの早紀江さんの言葉には驚愕したでしょう。

井沢　広い意味で北朝鮮の謀略に引っかかったのは、ほとんどが朝日の読者だったという説もあります。なぜなら朝日を読む限り、北朝鮮が悪いことをしているなんて夢にも思わないですから。そういう読者は、旅行先で北朝鮮の人間が接触してきた場合、警戒するどころか、あんないい国の人と出会えてよかったと感動してしまいます。

門田　私は中国のいろいろなところを旅行していますが、1984年に北朝鮮の国境の図《と》們《もん》に行った時のことを思い出します。

図們は図們江に面し、北朝鮮との税関があります。図們大橋が北朝鮮との物流を支えています。この町は外国人にも開放されていたので、私も図們賓館というホテルに泊まっていました。すると北朝鮮の人たちも宿泊していて、賓館のレストランで一緒になりました。

灰色の人民服のようなものを着ていて、みんな痩せていて無言。ただ黙って食事をしていました。ご飯以外、おかずはほとんどなく、一品だけでしたね。貧乏だから、品数を頼めないようでした。

レストランで中国人たちは賑やかなのに、北朝鮮の人は痩せていて沈黙している。そこだけ異様な空間だったですね。

「2つの議連が拉致被害者2人の帰国をめぐって闘っている」

井沢　小泉訪朝があったのに、拉致問題はいまだに全く解決していません。

門田　目下、日本の政界には「日朝合同調査委員会」の設置問題が浮上しています。これは、下落を続けている岸田政権の支持率を北朝鮮拉致問題の一部解決によって一気にアップさせて、解散総選挙になだれ込もうという意図のもとにあるものです。

それをめぐって、日朝議連（日朝国交正常化推進議員連盟）と拉致議連（北朝鮮に拉致された日本人を早期に救出するために行動する議員連盟）とが水面下で、つばぜり合いをしている。日朝議連が早期の日朝国交回復を主張しているのに対して、拉致議連は拉致された日本人の「全員救出」を求めており、全く主張が異なります。

安倍さんが生きている時は、日朝議連の動きなどは、ほとんど影を潜めていましたが、安倍さんの死後、活発化しました。岸田首相自身は日朝議連の顧問ですから、今は、外務省も日朝議連寄りの立ち位置になっています。

井沢 では北朝鮮の今の立場はどうなんでしょうか。

門田 北朝鮮は、国民が餓死の危機に晒され、建国以来の悲惨な状態になっています。1990年代半ばから後半にかけての「苦難の行軍」時代を上まわる悲惨さです。北にとっては、何としても食糧を入れてもらわないと困るわけです。

そこで、拉致被害者の田中実氏と金田龍光氏の帰国話が動いているわけです。この2人を北朝鮮から戻すという前提で「日朝合同調査委員会」を設置し、日朝で拉致被害者を一緒に探そうというのです。

井沢 一応は具体的な話になっているんですね。

門田 岸田首相は今、その話に乗りかかっています。

けれども、この日朝合同調査委員会自体が、考えてみればおかしいですよね。そもそも北朝鮮は、拉致してきた日本人のことはすべて把握しています。調査委員会などつくる必要はない。それをわざわざ調査委員会をつくって時間を長引かせ、どんどん日本からの援助を引き出そうというわけです。

それよりも、怖いのは残りの拉致被害者たちの身の安全です。拉致問題に長く関わってきた人たちは、「北朝鮮は拉致被害者全員を絶対に帰さない。田中氏と金田氏だけを帰して、残りの人たちを殺すかもしれない」と心配しています。

だから拉致議連は日朝合同調査委員会の設置に反対していて、それに賛成している日朝議連と水面下で闘っているのです。しかし、岸田首相は支持率アップしか頭にありませんから、そんなこととは関係なく、北朝鮮側と水面下で接触しているわけです。許しがたいことですよ。

第3章

「日中友好」こそ中国の侵略武器

「日本のマスコミの中国批判を許さない「日中友好絶対主義」

門田　中国はこれまで「日中友好」という美名の下にさまざまな形で日本に「工作」を続け、「侵略」を進めてきました。その尖兵になったのがマスコミです。特に新聞業界では絶対的なタブーですね。とても、大っぴらには言えません。

最近も、防衛省が中国のハッカーによって大量の重要事項を盗み取られた事件が明るみに出ました。これがわかったのはアメリカの雑誌報道がきっかけです。日本では絶対に明るみになりません。

陰に陽に攻撃してくる中国の日本侵略を批判すると、日本国内のたとえば朝日新聞信者に「ヘイトだ」などと言われてしまいます。この手の信者に朝日は支えられているのです。

井沢　中国は非民主的の最たる国なのに、特に朝日はそういう視点では中国について何も語りません。それが朝日なりの日中友好なのです。

門田　朝日が日中友好一本槍なのは、左翼好きというDNAゆえのことだけではありません。中国の工作がしっかり入っています。朝日新聞の工作を担当したのは、対日工作の責任者だった廖承志《りゅうしょうし》の部下で〝四天王〟の1人と言われた趙安博《ちょうあんぱく》という人物です。朝日には、中国の対日工作を支えた日本人有力者の息子を入社させ、連絡役として活用しました。

朝日の〝ドン〟で社長兼主筆、会長などを歴任した広岡知男が並はずれた中国シンパで、文化大革命への大礼讃はもちろん、社長時代に二度も訪中するなど、中国共産党との蜜月はジャーナリズムの長として〝あり得ない〟ものでしたね。本多勝一の一連の中国贖罪シリーズ『中国の旅』ほかを指揮・演出したのは、広岡本人です。それと気脈を通じていたのが、廖承志であり、趙安博です。

朝日の報道に中国側のなんらかの意図が入っているのは、中国ウオッチャーにとっては、常識です。だから、朝日のスクープやキャンペーンには、注意が必要なんです。

昭和60年に中曽根康弘首相の「戦後政治の総決算」を打倒するために朝日は大キャ

ンペーンを張りました。特に靖國神社公式参拝を阻止するために、いかにアジアの国々がこれを注視しているかを一生懸命、報じました。

ところが、見出しはともかく、記事の中身を読んだら、どの国もそんなことに「関心もない」のです。それはそうです。先の大戦で命を落とした人々を国家の領袖が悼み、参拝することは、どこの国にとっても当たり前のことだからです。

一生懸命、各特派員が記事を「角度をつけて」報じるのですが、記事にファクトがないわけです。

しかし、朝日のキャンペーンに中国だけが応えました。中国共産党の機関紙である『人民日報』が中曽根首相の靖國公式参拝を正式に社説で批判したのです。

これでいわゆる「靖國問題」が始まりました。ことあるごとに靖國問題はぶり返されます。それは、朝日と中国共産党が手を組んで始めたものなんです。日本に天文学的な損害をもたらすことになる朝日のキャンペーンでしたね。

私は2022年9月に出した『日中友好侵略史』（産経新聞出版）に、70年前からの中国の対日工作をすべて「実名」で書きました。このあたりのことも詳しく書かせてもらっています。日中友好絶対主義では、日中友好に反することや、中国批判はタブー。だから絶対に言えないし、報道もできないわけです。

しかし『日中友好侵略史』はタブーを破っていたため、出版後、たった2週間しか経っていない時点で中国の孔鉉佑《こうげんゆう》駐日大使が日本のメディア11社を呼び寄せて「日中友好に反することは書かないように」との〝通達〟をおこないました。中国の「日本総督」が釘を刺したわけです。私は出席者の一人から連絡をもらい、笑ってしまいましたよ。それほど気にしているのか、と。

日中友好絶対主義の締めつけはとにかくキツいのです。その中で「中国が日中友好の美名の下に侵略してきているのを許すな」なんてマスコミの中で主張したら、すぐにどこかに飛ばされますよ。大半のマスコミでは、上のほうが親中派で占められていますからね。中国に対して是々非々の現実派は、たちまち叩き潰されます。そうならないのは、私のように負けずにずっとそれを言い続けている者だけです（笑）。

井沢　朝日が中国の利益代弁者であることは今に始まったことではありません。中国の代理人あるいはスポークスマンだった朝日の編集幹部はこれまでたくさんいました。中国の日本総代理店の広報マンと言ってもいい。

門田　ほとんどの朝日の記者の頭には「中国と仲良くしなければいけない」と「日中友好」という言葉しか入っていませんからね。

先ほど言ったように朝日の主張は、中国のそれとほぼ一致しています。つまり、朝日は日本の新聞でありながら「日本を責める役割」を長く、忠実に、務めてきました。だから朝日を読んでいれば、中国の主張はだいたいわかるのです。

例えば、2015年3月、海上自衛隊の新型護衛艦「いずも」が就航したときの記事が典型的です。これを嫌がった中国は「空母を持つのは日本の軍国化だ」と大非難を展開しました。確かに「いずも」にはヘリコプター5機が同時に離着陸できる巨大な甲板があります。それで朝日は「どう見ても空母だが、『空母ではない』とはどういうこと?」「能力や構造は空母そのもの」などという記事を書いて、これを攻撃し続けました。

つまり、中国に脅威になる自衛隊の戦力は、朝日にとって「許せない」のです。ヘリコプター5機が同時に離着陸できるというのは、自衛隊、つまり日本にとって大きな戦力になりますが、それが「中国と朝日は困る」のです。朝日は「中国共産党の利益を代弁している」ことを、多くの国民に知ってほしいですね。

「スナップ写真を撮っただけでスパイにされる改正反スパイ法」

井沢 中国は２０１４年に反スパイ法を施行し、「国家安全」を名目にした外国人の取り締まりを一貫して強化してきました。その結果、２０１５年以降にスパイ活動に関わったとして拘束された日本人は少なくとも17人に上っています。日本人を拘束しておいて何が日中友好でしょうか。

門田 ２０２３年3月にも、アステラス製薬の幹部社員が反スパイ法に抵触したという理由で拘束されました。しかし具体的には何をしたのか、どの行為が法に触れたのかはいっさい明らかにされていません。となると、これからは危なくて日系企業も中国で経済活動などできなくなります。

井沢 改正反スパイ法は全人代の常務委員会で審議されて4月26日に可決・成立しまし

た。7月1日から施行されています。改正で強化されたのは法律の目的です。改正前は「国家の安全を守る」だけだったのに「人民の利益を守る」という規定が追加されました。「人民の利益」という概念は「国家の安全」よりも断然広い。つまり法律の適用範囲が非常に拡大されたのです。

今はスマホで写真を撮るのが当たり前になりました。外国人が空港でスナップ写真を撮るのはありふれた光景です。しかし空港の様子も国家秘密だということにすれば、空港で写真を撮った外国人を国家の安全を脅かしたという理由で捕まえることができます。

しかも中国では当局が裁判も操れるので、懲役10年の刑を科すことも簡単なのです。だから実際に裁判を行わずに、「こちらの言うことを聞かないと、懲役10年にしてしまうぞ」と脅迫することもできます。それで中国のスパイにされてしまう場合もある。

または、観光旅行に中国に来た大学生であれば、同じようにありもしないスパイ容疑をかけたうえで、本人ではなく親を脅迫することもできます。となると親は子供を助けたい一心で中国の要求に何でも応じることになるでしょう。

改正反スパイ法ができた以上、なおさら中国に批判的な人は中国に行ってはいけませんね。

門田　この改正反スパイ法に対しても日本のマスコミは批判に及び腰です。

しかし今後は何の罪もない日本人が中国に行って捕まる可能性が高まったのだから、中国に行く日本人に警鐘を鳴らすとともに、やはり中国の改正反スパイ法を強く批判しなければなりません。

「朝日は人民日報と連携し中国共産党の望むことを書く」

井沢　共産主義が大好きな朝日新聞は、かつて共産主義の国家を理想化したうえでソ連のことを報じてきました。しかしソ連の最高指導者だったスターリンによる大虐殺が国際的に明らかになったうえ、ソ連が1956年にハンガリー市民を弾圧したり1968年にチェコの首都プラハに武力侵攻をしたりするに至って、朝日もさすがにソ連礼讃一辺倒はまずいと思ったのか、今度は中国を理想化して最高指導者の毛沢東を持ち上げるようなったのでした。

すなわち、社会主義国家ソ連が「労働者の天国」でも「差別も貧困もない楽園」でもないことがバレ始めると、今度は別の社会主義国家・中国を理想化し始めたというわけです。

門田 なかでも、先ほども言ったように朝日による文革（文化大革命）礼讃は有名ですね。

井沢 文革当時の朝日には「文革は素晴らしい」「青年の目は輝いている」という識者の意見が載りました。ただしずるいのは朝日の記者に直接、中国の文革を褒め讃えた記事を書かせたわけではないことです。

門田 ところが、実際の文革は悲惨なものでした。文革時代の中国の人口は7億人で、そのうち文革の犠牲者、つまり死者の推計については40万人から2000万人と幅があるものの、これに身体的精神的暴力を受けた人々も含めると、被害者は1億人近いとも言われています。

井沢 文革は一種の弾圧だったのです。しかし朝日は、共産主義はエセ民主主義だと反省したり、今までの中国についての報道姿勢を謝罪するようなことはありませんでした。

それどころか、代わりに次には北朝鮮礼讃に走ったのでした。

門田 文革のときには北京に駐在していた外国の特派員は次々に国外に追放されていきました。最後まで残ったのが朝日の秋岡家栄記者だったわけです。対して中国からの追放第1号は産経新聞の柴田穂《みのる》記者でした。

天安門広場から長安街通りを西のほうに行くと西単《シータン》があります。文革のときには、その交差点に壁新聞が貼られていました。壁新聞に書いてあることの行間から毛沢東が何を考えているのか、当局が何をしようとしているのかを読み取らないといけません。そのため、柴田記者は毎朝、壁新聞を見に行っていたのです。

多少、中国語が読めたとしても中国人ではないので行間を読むのは難しい。そこで、柴田記者は近くで壁新聞を読んでいる中国人に「ここに書いてあるのはどういう意味か」と行くたびに聞いていたそうです。

こうして、その作業を毎日続けていくうちに、柴田記者はだんだんと文革の実態がわかってきたのです。そこで産経で、「文革はおかしい」との実態報道を始めます。そのために柴田記者は最初の中国からの国外追放第1号記者となるのです。同時に産経の北京支局もなくなってしまいました。

井沢　しかし朝日の秋岡記者はそんな記事は書きませんでしたね。

門田　秋岡記者と朝日新聞はとにかく常に中国を礼讃し続けましたね。朝日の目的は、中国共産党を応援することにありますから、そもそも産経の柴田穂記者のように真実を報じる必要がないのです。

追放第1号の柴田記者に続いて、日本の記者たちは中国共産党によってどんどん追放されていきました。そして、日本人記者で「最後まで残った」のが朝日新聞の秋岡記者でした。外国人記者は最後「九人」残ったのですが、日本人では彼だけでした。中国は〝味方〟である秋岡記者だけは追放しなかったのです。

朝日新聞には昭和の報道を回顧した『新聞と「昭和」』（朝日新聞出版）という書籍があります。これは、同社取材班による〝内部取材〟によってヒアリングされたものです。ここには、こんなことが書かれています。

〈秋岡（家栄記者）は67年11月、北京赴任に際し、社長の広岡知男から指示を受けた。「それを書けば国外追放になるという限度があるだろう。そのときは一歩手前でとまりなさい。極端に言えばゼロでもいい。書けなきゃ見てくるだけでもいいんだ」〉

中国共産党を絶対視する広岡知男は、報道の使命よりも、中国が嫌がることは報じなくていい、ということをわざわざ秋岡に指示しているのです。

中国共産党は、朝日新聞を日本の世論工作の筆頭であると位置づけ、また朝日はその役割を果たし続けてきた。そのことを国民は理解したほうがいいと思いますよ。

その対極にいたのが、先ほど言った産経新聞です。

柴田穂記者が中国から追放されたのは、１９６７年です。同じようにその後、追放された他の新聞社は、「台湾支局廃止」という中国側の「条件」を呑んで、次々と中国に復帰していきますが、産経はその条件を呑みませんでした。

条件を呑まないまま、結局、中国側が折れ、産経も北京に支局を復活させます。それは、追放から実に31年後の１９９８年ですよ。

私の知り合いの対中国担当の日本の公安官から、中国の工作員は「日本の新聞でチエックしなければならないのは産経だけだ。ほかの新聞の内容はほぼわかっているからね」と言っていることを聞いたことがあります。

その後も、産経新聞は中国に忖度しない報道を続けてきましたね。今年も、3月の全国人民代表大会の首相記者会見への出席を拒否され、最近も、南京事件記念式典の取材を拒否されました。共産党政権から、それだけ警戒され、煙たがられていることを誇りにしていいと思いますよ。

まあ、逆に言えば、他の新聞社は、いまだに中国に対する忖度を続けているということですよね。それが日本人に、まだまだ中国に対する危機意識が乏しい原因になっていることは間違いありません。

中国共産党が嫌がることを朝日が報じない典型的なものは「林彪《りんぴょう》事件」ですよ。毛沢東に次ぐナンバーツーだった林彪がクーデターに失敗し、飛行機で逃走している最中にモンゴルで墜落死した。これが当初、隠蔽され、中国共産党機関紙の人民日報も林彪の墜落死を報じませんでした。中国共産党内部もごたごたしており、とても報じられなかったのです。こういう時こそ、外国メディアの出番です。

しかし、朝日は中国共産党に優遇されて、日本メディアで唯一、国外追放されずに北京に残っているわけですから〝独占状態〟のはずです。しかし、朝日は林彪の死はもちろん、「失脚」さえ一切、報じませんでした。

林彪失脚を否定し続けた秋岡記者のおかげで、朝日新聞も失脚を否定し続け、人民日報はもとより、世界で一番遅く林彪失脚を報道した原因となった。先の広岡知男の言葉を考えれば、当然ですけどね。ちなみに秋岡記者の娘は２０１０年に中国上海市で開催された上海万博にて日本産業館館長を務めました。

まあ、簡単に言えば朝日は中国共産党の広報機関なのです。朝日は人民日報とも提携しているし、中国共産党の言う通りのことを書いて、逆に中国共産党にマイナスになることはいっさい報道しない、ということです。日本の国益ではなく、中国共産党の利益のために頑張ってきたのです。

井沢　林彪に関連して言うと、僕の江戸川乱歩賞の先輩に朝日の記者だった伴野朗《とものろう》氏という人がいます。

門田　上海特派員もしていた人ですね。

井沢　伴野氏にも早くから、林彪が毛沢東と対立して飛行機でソ連に逃げようとしたら撃墜されて死んだ、という情報が入ってきたわけです。それを本紙に載せようとしたら、上司から「そんなことがあるわけない」と言われて、本紙に書かせてもらえなかったのでした。

門田　伴野さんにしてみれば、広岡知男による「中国共産党への忖度」など、知らないでしょうからね。事実関係を信じられない上司があまりに突拍子もない話に「おまえ大丈夫か」と思って記事を書くのを止めた、と思ったのかもしれませんね。

井沢　そうです。しかし上司が記事を止めたのは、本当にそう思ったからなのか、中国共産党に遠慮したからなのかはわかりません。

門田　まあ、忖度というか、遠慮した可能性がありますよね。

井沢　また、別の朝日の記者は僕に「私は晩年は中国で田んぼを耕して暮らしたい」と言っていました。学生運動の中心となった全共闘出身の人でもあって、中国を理想の国だと思っていたのです。僕からすると、朝日にはそういうバカなことを言っている人がいっぱいいいましたね。

門田　朝日は今でも一貫して日中友好一本槍です。「中国と仲良くしましょう。多大な迷惑をかけたのですから」としか言いません。

しかし、朝日新聞の報道姿勢をあざ笑うように、中国は肥大化し、覇権国家となってきました。やがて中国は日本をすり潰しに来ます。「百年の恥辱の恨みを晴らし、偉大なる中華民族の復興を果たす」というのが、習近平国家主席のスローガンです。「百年の恥辱」というのは、「百年国恥」といって、日本人に対する恨みの言葉です。これはあとで詳しく話しますが、中国人でこの言葉を知らない人はいません。小学生から徹底的に教え込まれていますからね。

中国には、同じアジアの国でありながら、そして、かつては自分の文化を吸収して発展してきた日本が、文化や技術など、あらゆる面で西欧と伍して戦っているのが悔しくて仕方ないんです。しかも、西洋列強とともに大東亜戦争では、自分たちの国土で戦争をしたのですから、憎しみの感情を「国家を発展させていく原動力」にするのも、ある意味、わかりやすいと言えます。

第2次世界大戦を引き起こしたヒトラーを思い浮かべるとわかりやすいです。第1

次世界大戦に敗れて疲弊したドイツを復興させるには、戦勝国に対する国民の恨みの感情を集約させる必要がありました。それをやってのけたのがヒトラーなのです。経済の面ではある意味で天才だったし、国をルサンチマン１本でまとめ上げた非常に危険な手腕の持ち主でもありました。

「本多勝一氏は中国共産党提供の資料を基にルポを書いた」

門田　私は学生時代に本多勝一氏の『中国の旅』（朝日新聞社、１９７２年）を読んだとき、自分１人で取材した情報に基づいてこんなにも詳細なルポルタージュが書けるのか、すごいなと驚きました。とにかく撫順にある「万人坑」を含め、あっちにも、こっちにも行った、取材力がすごいなあ、と思いました。

井沢　記者の鏡のように思ったわけですね。

門田　学生には、「共産圏では自由に取材ができるはずがない」などということがよくわかっていませんからね。

井沢　当時、『中国の旅』を読んだ大学生は多かったでしょう。彼は扇動が非常にうまい。いかにも良心的なふりをして、こんなことでいいのかみたいなことも思わせる。才人ではありますね。

門田　けれども、私も新潮社に入って『週刊新潮』で中国関連の記事もいろいろ書いたし、それなりに勉強もして、はっきりとわかってきました。本多氏が中国で得た情報は中国共産党から提供され、準備されたということです。

中国では中国共産党から情報の提供、取材のお膳立てなどがなければ、ああいうルポは絶対に書けません。しかし、学生にはそれがわかりませんからね。私自身、1980年代に中国に行くようになると、それを身をもって実感しました。

井沢　本では本多氏は中国の田舎の農民たちから話を聞いたことになっていますね。

門田　中国の田舎の村々に単独で分け入って臆することなく農民たちから話を聞いたと言っても、そんなことは、実際はできないわけです。中国では、外国人がやって来て、自由に取材するなんて許されません。すぐ通報されます。ああいうものは、中国共産党が情報の提供をし、すべてをお膳立てしてから、初めて可能なんです。それに乗ってできたのが本多氏の作品です。

井沢　しかし中国共産党から提供された資料で批判もせずに書くというのは広報なのです。

門田　中国共産党から資料をもらえたのも、結局、先ほど言ったように朝日新聞のドン・広岡知男の力によりますね。

戦前の六大学野球で首位打者を取ったこともある広岡は東大を出て朝日に入りました。１９４8年2月1日のゼネスト騒動のおりに新聞社として産別会議に加盟して戦おうとした朝日内部で、それに断固反対したのが広岡氏でした。あくまでも朝日は企業内組合で行くべきだと主張したのです。これが縁となって朝日のオーナーである村山家と親しくなり、オーナーとのタッグで力を蓄えた広岡氏は異例の出世を果たしていきます。

先ほども言いましたが、社長時代に2度も中国に行き、1度は本多氏も一緒に連れて行ったのではないでしょうか。中国共産党に資料から証言者から何から何まで全部出してもらい、本多氏は何十回もの新聞連載を書いたわけです。それが『中国の旅』

として単行本化されてベストセラーになりました。

井沢　今でも中国のような独裁国家では、外国人があちこちに行って自由に取材できるはずがありません。

日本のテレビもほんの数年前まで、独裁の国々に行って呆れてしまうほど愚かなインタビューを堂々と放映していました。言論の自由が認められていない国で、あろうことか「突撃インタビュー」と称して人々の「本音」を聞くというものです。

特に問題だったのは、インタビューの対象になった全ての人が「顔出し」だったこと。ワイドショーでよくやるように「顔を隠し、音声を変える」というのならまだわかります。しかし日本のテレビは、うっかり政治批判をしようものなら投獄されるどころか生命の危険もあるような国へ行って、「顔出し」インタビュー映像を撮って、それで人々の真の声が聞けたと本気で考えていたのでしょうか。

門田　共産党独裁国家で顔出しのインタビューで真の声など聞けるはずがないですよ。

井沢　だからインタビューに応じた人は全員、当局からの紹介以外ではあり得ません。もちろんテレビマンもそれを知っていた。にもかかわらず、突撃インタビューだと謳って、よく恥ずかしくなかったものだ。

顔出しの人間が政府の批判などするはずはありません。その人たちの話を聞いて、インタビューの背景を何も知らない日本人が「いい国なんだな」と思ってしまっても無理はないのです。

「日本が援助したお金で中国が始めたのが反日教育だ」

井沢　１９８９年の天安門事件で中国は世界の信用を失って、国際社会から強烈な経済制裁を受けました。それで中国もちょうど今のロシアのような状態になっていたとき、当時の宮沢喜一首相は天皇訪中というとんでもないことをしてしまったのです。

中国も天安門事件後の窮状を何とか打開しようと思い、日本の利用を考えたのでした。それが天皇訪中にほかなりません。天皇は世界中から尊敬されているので、天皇訪中によって中国は国際社会にまた復帰できるだろうと目論みました。

だから宮沢首相を操って天皇訪中を実現させたのです。これで中国に対する世界の警戒心もちょっと緩んだ状況になってしまい、結局、中国は国際社会に復帰してしまったのでした。

門田　しかも天皇は訪中した際、「過去の不幸な出来事……」と表現して中国に謝罪しました。それを聞いて、国際社会は、「日本の天皇の心からの言葉が聞けてよかった。これで、すべては決着だろう」となりました。しかし、中国という国は、そうはなりませんでした。

井沢　普通なら中国は天皇訪中に対してもっと感謝の気持ちを持つべきでした。

門田　日本の最高権威である天皇陛下が訪中しても、中国は変わりませんでした。当然です。これで、さらに「たかる」ことができるというのが彼らの発想だからです。

中国も1998年11月に当時の最高指導者の江沢民が訪日しました。しかし、天皇主催の宮中晩餐会に出席した江沢民に国民は驚きました。黒い中山服を着た江沢民は日本に感謝をのべるどころか、その手の言葉は全くありませんでした。

そして国民になり代わって天皇陛下が国賓を心からもてなす「宮中晩餐会」の席で、江沢民は、天皇に対する答礼のスピーチで「かつて中国人は日本のために大変な被害を被った。多くの中国人の命が奪われたのである」と言ってのけました。つまり、「あなたの父親（昭和天皇）に、われわれは酷い目に遭わされた」という意味の挨拶をしたのです。

これに対して、朝日新聞は江沢民の側に立ち、江沢民発言に同調して日本は中国に酷いことをした。反省してもしきれないとの論調を貫いたのです。

井沢　江沢民も江沢民、朝日も朝日だ。

門田　日本は中国に膨大な援助をしています。ＪＩＣＡ（国際協力機構）によると、ＯＤＡのうち、無償でお金を提供する「無償資金協力」は約１６００億円、お金を貸す「円借款」は約３兆３０００億円、「技術支援」は約１９００億円で、計３兆６０００億円あまりの支援をしてきたのです。

けれども、その事実を中国共産党は中国国民に全く教えていません。それどころか、日本からの援助で得たお金で「軍備増強」や「反日教育」、あるいはアフリカなどの第三世界への「支援」をしているわけです。

お金をドブに捨てただけならまだしも、そのお金で日本を攻撃する武器が開発され、また、反日教育などに使われてきたのですから、何をか言わんや、ですね。

井沢　反日教育は江沢民が１９９０年代からスタートさせました。

門田　では反日教育とは何かと言うと、それまでの愛国主義から民族主義に転換したということです。だから江沢民時代になって、やたらと「中華民族」という言葉が使われるようになりました。

中国のある学者が１９００年に言い出したのが「中華民族」という言葉で、それまでは中華民族などという言葉はどこにもありませんでした。孫文は中華民族という言葉を利用して、辛亥革命のときに五族共和を掲げたわけです。

井沢　五族とは漢族、満洲族、蒙古族、回族、チベット族ですね。

門田　中華民族は非常に便利な言葉なので、中国共産党は、中華文明が及んだところを全部、中華民族ということにしてしまいました。当然、台湾も中華民族に入っています。

中華民族によって「愛国主義プラス民族主義」ということになりました。今、それを最も利用しているのが習近平なのです。

そのうえで習近平は2013年に「百年国恥（100年間の国の恥）を忘れるな」という国家スローガンを掲げました。これは、1840年のアヘン戦争から1949年の中華人民共和国の成立までの109年を指しています。このおよそ100年の恥辱を晴らして偉大なる中華民族の復興を果たそうということなのです。

先にも言ったとおり、「百年国恥」は、日本への恨みを晴らす言葉なのです。中国の国恥日は4つあり、「対華21ヵ条要求」の5月9日、「盧溝橋事件」の7月7日、「満州事変勃発」の9月18日、「南京虐殺が始まった」と中国が主張している12月13日の4つです。これが「国恥記念日」。いずれも「日本に対する恨みを表す日」で、習近平が百年国恥の恨みを晴らすとスローガンを掲げたとき、「ああ、来てしまった」「これはやばい」と正直、思いましたね。しかし、朝日はそのスローガンを中国に植えつける先兵となってきたのですから、うれしかったでしょうね。

井沢　朝日が日中友好一本槍で、「中国とは仲良くしましょう」としか言わないのも当然だということでしょう。

「処理水は中国経済への依存を下げるきっかけにできる」

井沢　さてここで、日中関係に関する最近の話をしたいと思います。

　東京電力は2023年8月24日午後1時ごろから福島第一原発の敷地内にたまった「処理水」の海洋放出の作業を始めました。海水で薄めた処理水に含まれる放射性物質のトリチウムの濃度は安全基準内に収められているので、科学的に処理水は極めて安全なのです。IAEA（国際原子力機関）も、処理水は国際的な安全基準に合致していると結論づけています。

　ところが、中国は処理水を「核汚染水」と呼び、処理水の放出に対して日本産の水産物の全面禁輸を決めました。科学を無視した中国の対応です。これまで中国政府は日本政府が科学的な観点からの協議を求めても一貫して拒んできました。

門田　中国は、「核汚染水が8ヵ月で中国までやってくる」とか、「地球全体を破壊する」とか、もう滅茶苦茶なことを言いました。しかし、事実と全く違う。中国の言葉による攻撃は常軌を逸していますよ。

井沢　処理水は、アルプス（多核種除去設備）と呼ばれる除去設備によって62種類の放射性物質を取り除いたものです。

門田　要するに、アルプスによって〝核種〟が取り除かれ、トリチウムもＷＨＯの飲料水基準の７分の１未満に減らしていることを中国人たちは知りません。だから中国人たちは本気でものすごい核汚染水が来ると思い込まされています。となると、憎悪が焚きつけられるばかりです。全く酷い。

井沢　今回、一般の日本人にも中国との経済取引にはリスクが伴うということがはっきりとわかりました。

門田　その点では本来、日本にとっては「シメた」なんですね。中国の正体がわかったのだから、中国経済に依存することはもうやめて、東南アジアやインドも含めていろいろな地域に販路を拡大していくきっかけにしなければなりません。

井沢　しかし残念ながら、国内には中国のために日本の足を引っ張る勢力があります。

門田　だからやはり日本のなかの「反日・媚中勢力」が問題なんですね。いわゆる〝内なる敵〝です。その反日・媚中勢力というのは、政界にも財界にもマスコミにも根を張っています。中国も日本のそういう勢力を操っていけば日本には勝てると思っているはずです。

井沢 最近では、中国は沖縄の玉城デニー知事なども操っているんじゃないでしょうか。

門田 まさしく沖縄では、反日・媚中勢力が活発にうごめいていますね。例えば自衛隊が南西諸島にパトリオットミサイル配備をしようとしたら、玉城知事は自衛隊に対し埠頭への接岸を許可しなかったのです。「市民」の名を借りた活動家たちがこれをアト押しし、〝奮戦〟しているのです。

日本のマスコミもそういう反日・親中勢力に呼応して動いていくわけです。私たちは、こういう実態を知っておくべきだと思いますね。

「カウンターインテリジェンスにも反対の日本のマスコミ」

門田 共産中国はご承知のように密告国家です。プロの情報部員も、そこらじゅうをウロウロしています。そういう認識がなく、いわゆるハニートラップに引っかかる人もたくさんいます。

上海の日本総領事館のある領事がハニートラップに引っかかって機密情報を要求され、それを拒んで自殺したことがあります。しかし、そんな身の処し方をする人なんて1万人に1人もいないでしょう。

この領事は、上海で中国の公安関係者が経営しているカラオケ店でハニトラにかかってしまいました。この店ではカラオケルームに女の子たちが入ってきて、気に入った子と一緒に歌ったり、店外デートに発展するというシステムです。上海の日本人ビジネスマンも御用達の店なのでハニートラップの格好の場所になっていました。

井沢　ハニートラップだとしても、その場合、中国側の狙いは何ですか。普通のビジネスマンが国家機密を持っているわけではないと思いますが。

門田　店に来るビジネスマンは、単に情報を収集するきっかけに過ぎません。狙いは、やはりテクノロジーの情報ですが、店に来るビジネスマンとは、他愛のない話をして、単に端緒となる情報を探しているぐらいです。

あらかじめ中国側は、どの技術者が自分たちの欲しい技術を持っているか調べ上げていますよ。そしてその技術者にピンポイントで引っこ抜きをかけます。「年収は6000万円でいかがでしょうか」とか、それは露骨ですよ。これには、日本の人材派遣の海外法人も使っていますね。ある日、そのターゲットの技術者のところに、そこから電話が入るのです。そうして得た人材も、お目当ての技術が中国の会社が吸いつくし、たいてい2年ぐらいで〝サヨナラ〟になるケースが多いですね。

井沢　となると、そういうことも一種のスパイ行為ですね。防御したいと思っても個人的な努力だけでは難しいでしょう。

門田　大変ですよ。個人の力だけでは限度があります。

情報というと、取ってくることばかりに考えが及びがちです。でもやはり、守るほうも重要で、そのためにはカウンターインテリジェンスの仕組みをつくっておかなければいけません。でないと、一方的に情報を取られるだけに終わってしまいます。

カウンターインテリジェンスとは、外部からの諜報活動に対抗して機密情報が外部に漏出するのを阻止する活動のことです。それによって、その手の店には行かないほうがいいという警告を発する防御のための情報網が構築できます。

井沢　であれば、むしろビジネスマン以上に、自国の要人や政府関係者を守るためにカウンターインテリジェンスが必要になりますね。

門田　そうなんです。けれども日本の新聞は、カウンターインテリジェンスに反対します。「外国に悪いスパイなんかいるはずがない」というのが前提で、「そんなものをつくったら、また戦前の特高警察時代の日本に逆戻りしてしまう」という幼稚な発想に支配されているんです。

なにしろ憲法前文には「平和を愛する諸国民の公正と信義に信頼して、われらの安全と生存を保持しようと決意した」と書いてありますからね。諸国民には「公正と信義」があり、悪いのは日本というのが前提。もともと中国に対抗できるような国ではないんですよ。

井沢　やっぱり日本のマスコミは、中国のために日本の足を引っ張っているのですね。ところで、これは実際にあった話で、日本の特派員が北京から東京に電話でレポートし、それが終わった時点で受話器に「ツー」という音が入って、「お疲れさまでした」と日本語で言われたそうです。中国では堂々と盗聴をしています。

門田　盗聴では、唐山地震の時の話がありますよね。毛沢東が死んだ1976年に何十万人もの死者が出たあの大地震です。この時は北京も大揺れし、それで当時、建国門外にあった日本のメディアの支局の壁が崩れたところが続出しました。すると、その壁の中から盗聴器が出てきたのです。これは、有名な話です。

また、日本の特派員が中国側からセットされた取材ツアーに参加した際、夜、宿泊しているホテルの部屋で「明日はどこそこに行きたい」「明日はあれを食べたい」などと呟くと、翌日、その通りになるという話もあります。中国の盗聴は完璧ですからね。部屋で呟くだけで取材をアレンジしてくれるというのは笑えますね。それほど中国は諜報を徹底しているというエピソードの1つです。

井沢　今の中国は監視カメラだらけになっていますね。当局には音を聞かれるだけではなく自分の姿も映像としてずっと監視されるわけです。

第4章

互助会体質から生まれる弊害

「マスコミは記者クラブで行政から利益供与を受ける」

井沢　ここで再び、日本のマスコミのひどさの話に戻しましょう。「あぐらをかいている」という言葉は、日本のマスコミの世界の記者クラブに当てはまります。僕はずいぶん前から「記者クラブは廃止しろ」と主張してきました。

記者クラブは、各省庁のほかに県庁や市役所、自民党本部などにも置かれています。そこには新聞やテレビ局のマスコミの記者が常駐しているのです。僕もＴＢＳ時代は報道記者だったので、記者クラブに詰めた経験がありました。

門田　どこの記者クラブですか。

井沢　東京都庁と建設省（現・国土交通省）でした。朝起きると会社には行かず、霞が関の建設省にある記者クラブに行くのです。そこには建設省から借りている机も電話もあって、お茶も建設省の職員がいれてくれました。

門田　記者クラブは基本、役所の中にあります。一等地ですよね。しかし記者クラブに参加しているマスコミは、その一等地の家賃も電話代も払っていません。お茶をいれてくれたり、掃除をしてくれる官庁などの職員の人件費もいっさい払っていません。

つまり、記者クラブでマスコミは政府や役所などから利益供与を受けているわけです。そこから癒着が始まるのです。ただし、マスコミのほうは、利益供与を当然のことだと考えていて、全く疑問を持っていない。

要するに、マスコミは政府や役所から便宜供与を受け、その対価として「広報機関」としての役割を担っている。政府や役所の側からすると、マスコミには、自分たちの意向に沿って「忠実に動いてもらう」ということになるのです。

井沢　記者クラブにはその役所から定期的にレク（レクチャー）という呼び出しがあります。レクは基本的に記者会見です。例えば建設省の来年度予算の説明とか、新しいプロジェクトの発表を記者会見に行って聞いてから、記事を書くことになります。

逆に言うと、役所のほうから記者に情報がどんどん入ってくるのです。記者としては楽な反面、情報を役所に握られているということでもあります。レクがないときには暇なので記者クラブでは麻雀などやったりしていましたね。

当然、新聞記者が新聞掲載用に書き言葉で記事を書いていたのに対し、僕は放送記者だったのでアナウンサーのために、話し言葉で記事を書いていました。

門田　そう言えば、テレビ局はもちろん、テレビと関係の深い新聞社にも「波取り記者」と呼ばれる特殊な記者がいましたね。

井沢　ＴＢＳにもいました。彼らは郵政省（現・総務省）の担当で、記者クラブに所属していても、普段は朝から新聞を読んだり酒を飲んだり麻雀をしたりして、何の仕事もしていません。

何をするのかと言うと、例えば自社の系列のテレビ局が新たにどこそこに局をつくりたいというときに、行政に働きかけて電波をもらってくるのです。以前は１つの県に１つしか割り当てられない狭い範囲だけにしか流せないＵＨＦという電波がありました。テレビ局は電波をもらうためだけに、そんな社員を普段遊ばせていても十分にペイしたのです。

「勝手な取材をさせない報道統制が記者クラブの役割」

井沢　記者クラブでは、各社ごとに持ち回りの幹事社があって、そこが記者会見を開くなどいろいろな取りまとめをやってくれます。

　また例えば役所のほうで揉み消したい情報があると、記者クラブに対して「ちょっとこれね、何とかならない？」という話をして、情報の揉み消しも協議できるという場でもあるのです。

門田　結局、記者クラブはそもそもが、マスコミを報道統制するための制度なんですね。

井沢　だから、記者クラブの記者はその役所の言いなりで記事を書いています。ただし、同じ報道機関には遊軍と呼ばれる独自に動く記者もいます。遊軍の記者は記者クラブと違った動き方をすることもあって、それが記者クラブの方針とは相容れない場合、遊軍の記者の動きを止めようとすることもあるわけです。

門田　それは記者クラブによる圧力で、遊軍の記者はその圧力にはやはり抵抗できません。すごい圧力ですから。

井沢　週刊誌は記者クラブに入っていないので、自由に動けたはずです。

門田　週刊誌は記者クラブに入っている新聞やテレビ局の外にあって、記者クラブの制約を受けていません。だから自由に書けましたね。その意味では、全体のジャーナリズムとしてのバランスが取れていた時期もあります。しかしあるときから、日本雑誌協会を通じて加盟社の週刊誌に報道統制を守らせることも行われるようになりました。憂慮すべきことです。

井沢　週刊誌に自分の記者クラブに関係したネタが抜かれると、その記者クラブにいる新聞の記者が「今週号の『週刊新潮』にはこんなことが書いてあるけど、門田もしょうがないよな」といった話をすることがありました。でもそんな記者は自分では独自の記事を決して書かないんですよ。

記者クラブは有用な情報の発信者ではなく邪魔な存在

井沢　僕が建設省の記者クラブにいた当時、まだ本四連絡橋（本州四国連絡橋）が全部はできていませんでした。建設大臣が連絡橋の工事現場に視察に行くというので、建設省から記者クラブに「みなさんもどうですか」という誘いがあり、一緒に行ったことがありました。

交通費や宿泊費くらいはそれぞれの会社で出しました。工事現場を視察した後、夜は宴会でした。宴会の費用は建設省持ちで、建設大臣や建設省の官僚たちとも酒を酌み交わしたりして、それでどんどん癒着度が深まっていくのです。そうなると建設省にとって都合の悪いことなど書けなくなってしまいますよ。

門田　やはり広報機関ですね。だから記者クラブに所属していると、夜回りもだいたい受け入れてくれますね。

井沢　夜回りでは、夜になって大臣や官僚の自宅に話を聞きに行くわけです。

門田　記者クラブに入っていない週刊誌には、役所から直接情報はもたらされません。ヤサ打ち（自宅への直接取材）しても、やはり記者クラブ所属のメディアと違って警戒されますね。そういうデメリットは確かにあります。

しかし、例えば『週刊新潮』は出版系でいちばん古いので、それぞれの省庁にネタ元がいて、実はすでにそこの官僚とつながっている。そういうネタ元は代々、引き継がれていて、いざというときには、ネタ元から情報が来ることが多いですね。また記者クラブに所属している記者とも親しいですから「今日、こんな記者発表があったよ」といった情報はよくもたらされます。

官僚からのいわゆるリークというやつには、官僚のトップである事務次官人事とかもあります。リークする側の思惑など、いろいろな要素が絡み合っていますから注意しないといけません。しかし、そういうドロドロしたものは記者クラブに所属していたら〝出禁〟になりますから書けません。まあ、記者クラブが扱わない情報でないと、そもそも面白くないですよね。記者発表される情報などでは絶対に編集会議で企画として通りませんから。

井沢　老舗の週刊誌は、記者クラブとは別のネタ元がそれぞれの官庁にあるということですね。

門田　そうです。いちばん関係が深いのが、やはり警察。警察庁長官や警視総監などのトップ人事になると、必ず怪文書が出回った時期があります。昭和のことですけどね。それぞれの怪文書には警察内の各派閥の思惑が反映されているため、どちらの側が怪文書を書いたのか、すぐわかりますよ。

警察をはじめ、霞が関にはたくさんの官僚がいます。しかし、要衝の事情通というのはそんなに多くありません。私たちは、そういう官僚とは、よく酒を飲んでいますから、たまに「えっ？」という情報が入ってくるわけです。

井沢　一方、とにかくマスコミは記者クラブという形で癒着してしまっています。だから、例えば首相が思い切ったことをやろうというときにも、逆に記者クラブが邪魔をしたりする。それで僕は昔から「記者クラブを廃止しろ」と言っているのです。記者クラブなんて日本以外には見当たりません。韓国にもないですよ。

門田　少なくとも他の先進国の民主国家には記者クラブなどないし、また、民主国家であればこそ記者クラブなどつくるべきではありません。

井沢　その通りです。例えば韓国の大統領府への取材申し込みも、きちんとしたメディアのジャーナリストであれば許可が出ます。日本では記者クラブの会員でないと大臣会見への参加など絶対に無理ですからね。

門田 最近はネット時代になってきましたから、基本的には各官庁の発表資料も記者クラブに渡すとほぼ同時にその官庁のホームページに掲載されるようになってきましたね。そうなると「誰でも発表資料が読める」のですから、情報という点ではますます記者クラブが不要になってきました。

井沢 ネットに関連して言うと、僕の経験でも、ある事件について報道した後、匿名のハガキが来て、それを読むとハガキに書いてある情報が正しくて、どうも僕の書いた記事は間違っているんじゃないかということもありました。

昔はそのハガキの情報は、次の報道で活かすぐらいしかできなかったのでした。それが今だったら匿名のハガキを送るような人は、わざわざハガキを送るまでもなく、「TBSの報道は間違っている。本当の情報はこれです」などとX（旧ツイッター）などに上げれば済みます。

門田 私は1990年に『週刊新潮』のデスクになってずっと特集記事を書いていましたが、ネット時代になって随分、変わったなあと思うことがあります。偽善的な自己陶酔ジャーナリズムのマスコミのあり方は、『週刊新潮』の「定番」として、よく書かせてもらいました。

特に朝日新聞に対するものは、時に完売することもあるぐらい読者のニーズが大きかったですね。しかし、ネットがない時代は、まだまだ反響が限定的でした。ネット時代になって、その手の記事はネットがどんどん拡散してくれるので、より多くの反響が得られるようになりました。

「今の時代は記者と政治家が一体化するのは難しくなった」

門田　ネット時代になって記者クラブがますます邪魔な存在になってきた気がしますね。昔は有能な記者にとっては、活用次第で記者クラブは大きな力になりました。

どんなメディアの記者であっても、どうやって情報を取るか、情報をつかんでもその裏をどう取るかに苦労します。そこで昔は、記者クラブを足がかりにして情報源と完全に一体化してしまうような記者もいました。

情報源の基本は人ですから、そういう記者はこれぞという人物にどれだけ食い込めるかに仕事のすべてを賭けていたとも言えます。しかし、ネット時代は、そのネタ元と記者との関係も変えたと思います。

井沢　記者クラブに入っている記者なら身元がはっきりしているから、情報源としても安心だという面はありますね。

門田　例えば自民党には昔から平河クラブがあります。副総裁を長く務め、党の重鎮中の重鎮だった川島正次郎氏が急死したとき、最も川島氏に食い込んでいたある新聞記者は夫人に対し「お願いですから、今晩一晩、先生の横で寝かせてください」と頼み込んだんです。その記者は、夫人からそれを許され、遺体の横に布団を敷いて一晩を明かしています。つまり、生前の川島氏にその記者はそこまで食い込んで〝一体化〟していたわけです。

夫人も、「主人はこの記者に何でも相談していたから、きっと喜ぶだろう」と、横に寝ることを許したのです。政治家とそんな深い関係を築くことに成功した記者も、昔はけっこういたのです。

井沢　となると、その記者は政治家を情報源にするだけでなく、自分の思惑によって逆に政治家を動かすこともできますね。

門田　まさに昔の政治部記者は政治家を「動かした」のです。そのために記者は政治家に、さまざまなことを助言したり、行動も共にしたりして、政治に関わる工作も行いました。

代表格が読売新聞のナベツネこと、渡邉恒雄氏かもしれません。岸信介氏と大野伴睦氏との間に立って2人の意見の調整なども行ったとされます。戦前の朝日新聞の緒方竹虎氏などもその口ですよね。

自分がこれぞと見込んだ親しい政治家が偉くなれば、自分も社内で偉くなれます。有力な情報源だと自分の出世にも役に立ったのです。そういう伝説的な記者が各社にいましたよね。はたして今、いるのかどうか。

井沢　今でも記者クラブはあるのだから、記者の努力しだいということではないですか。

門田　今は、政治家と記者との関係も淡白になってきましたよね。記者クラブに来てから政治家と深い関係を構築するのもなかなか難しい。

今はむしろ、前に言ったように裏取りのルートをずっと維持してきた週刊誌のようなメディアのほうが目立ちますね。〝文春砲〟には、それが窺えます。

NHKの情報網も薄くなっていますね。記者クラブにいても政治家から独自の情報を取るルートが希薄になっています。ただし安倍首相の時代は、岩田明子記者なども いて、安倍首相に深く食い込んで、結構、スクープを取っていましたが……。

井沢 その意味では岩田記者は、情報源と一体化していた昔の記者のようなことができていたのかもしれません。

門田 そうでしょう。安倍氏が亡くなってからNHKはスクープが少なくなりましたね。

特オチを嫌がるのは記者のサラリーマン根性のせい

井沢 記者クラブ制度というのはそもそも報道統制だから、『週刊新潮』や『週刊文春』のような掟破りをするメディアが別にあるのはいいことですよ。報道統制されたメディアと掟破りのメディアというのは、日本ではそれなりにバランスが取れていました。だから、そのバランスを裏から崩そうとするようなことをしてはいけませんね。

門田　週刊誌は記者クラブに入っていないから、その分、以前は自由に取材できました。しかし、誘拐事件などのときには、雑誌協会を通じて加盟社の週刊誌に報道統制を守らせるという動きが昭和の終わり頃から出てきて、今ではそれが当たり前になっています。雑誌が新聞と横並びになってどうするんだ、という現場の記者は多いですよ。こんなものは、断固として撥《は》ねつけなければなりません。

井沢　それで思い出したのは、記者クラブの情報統制と裏腹なものに「特オチ」というものがあることです。「特オチ」というのは、記者クラブに入っているメディアのうち1社だけが特定の特ダネを拾えなくなることを指しています。

記者クラブで癒着していれば、特オチなどあり得ないはずなんです。というのは、記者クラブにいる記者同士でお互いの情報を教え合ったりしていますからね。そういう点では記者クラブは本当に互助会なんです。

門田　互助会だから記者クラブに大事な情報がもたらされたとき、たまたま1人の記者がいなかったら、他の記者がその大事な情報を後で不在だった記者に教えてやりますよね。みんな仲間ですから、特オチが出ないように仲良くしているのです。

でも、独自ネタについてはそんなことはしませんよ。記者クラブに入っていると、独自ネタを取ることよりも、特オチを避けるほうが大事ですよね。他社がみんな書いているのに、自社だけ報じることができなかったら、上からこっぴどく叱られますからね。

井沢　他社が特ダネをつかむのは無視できるんですよ。だけど、特オチは非常にまずいと思っています。記者の人たちは基本的にサラリーマン根性でやっている。たぶんほとんどの記者にはジャーナリストという感覚はあまりありません。

要するに、記者が自分で築いてきた取っておきの取材ルートは秘しておいて、それ以外では助け合う。独自ネタというのはそうしょっちゅうあるわけではないので、特オチを防ぐことによって、なるほど、どの紙面もどのテレビの報道も同じ内容にならないほうがおかしくなるわけです。

門田　日本社会では横並び意識が非常に強いと言われています。マスコミも例外ではないということです。

井沢　結局、記者も記者クラブから垂れ流された情報しか受け取っておらず、右から左へそれを流して記事にしているため、自分の頭で判断しなくなっているのですね。さっきの少年の非行と凶悪犯罪の区別もつかない、というのもそのいい例です。

本来、「これ、おかしくないかな」と思ったら、きっとそれはおかしいことなのです。ジャーナリズムなら自分で調べて戦わなくてはいけません。情報を右から左に流すだけなら記者でなくても誰にでもできますよ。

教科書検定の大誤報でも横並びになってしまった新聞

井沢　少し古い話になりますが、１９８２年の歴史教科書に関する大誤報事件も記者クラブの横並びから起こったものですね。この大誤報は、当時の文部省（現・文部科学省）が教科書検定の際、高校の日本史教科書の「中国への侵略」という記述を「中国への進出」と改めさせた、というものです。

それで１９８２年6月26日付の新聞各紙は、昭和56年度の文部省による教科書検定結果を大きく報道しました。

まず朝日新聞は1面に「教科書さらに『戦前』復権へ」「文部省　高校社会中心に検定強化」「『侵略』表現薄める」という見出しを掲げ、社会面では検定前と検定後の記述を比較する表を載せて「日本軍が華北を侵略すると」が「日本軍が華北に進出すると」に変わったと書きました。

さらに読売新聞は「高校教科書厳しい検定」「中国『侵略』でなく『進出』」、毎日新聞は「教科書統制、一段と強化」「戦時におう復古調」「中国『侵略』は『進出』に」、東京新聞は「傷だらけ新高校教科書」「『侵略』は『進出』に」といった見出しの記事になりました。

産経新聞（当時・サンケイ）は翌6月27日付で「新しい高校教科書ここが変わった」「中国侵略→進出」と書いたのでした。

門田　問題はそうした日本の新聞の記事に中国も便乗したことです。中国政府はこれらの記事に基づいて日本政府に激しく抗議しました。

井沢　しかし文部省は今回は誤報だということを知っていました。だから7月29日から30

日に行われた衆議院の文教、外務、内閣の各委員会や参議院の文教委員会で文部省の中等教育局長や教科書検定課長は「『侵略』を『進出』にしたケースは56年度検定の教科書のなかでは見当たらない」などと答弁したのです。

「侵略」を「進出」に変えたというのは、真実とはまるで違う大誤報でした。

門田　このような大誤報が一斉に出てしまったのも、記者クラブにおける互助会の体質が反映されてしまったからでしょう。記者クラブで同じ情報を共有するほうを優先するあまり、その情報が本当に正しいかどうかというウラとりを、どの社もやらなかったのです。互助会だからこそ「大誤報も横並び」になってしまったわけです。

また、この大誤報は国内だけに留まらず、中国政府による外交問題も引き起こしたので、日本の国益を侵すことにもなりましたね。

井沢　それにしても論外と言うべきなのが、1982年9月19日付で朝日の中川昇三社会部長が署名入りで載せた「読者と朝日新聞」と題する次の釈明記事です。

「今回問題となった個所については（中略）関係者への確認取材の際に、相手が『侵略→進出』への書き換えがあったと証言したことなどから、表の一部に間違いを生じてしまいました」

これは日本新聞史上、最低最悪の解説記事の釈明と言わざるを得ません。つまり、「これを取材した記者は取材のイロハも知らないダメ記者でした」と言っているのと同じです。「人の言うことを鵜呑みにしない」「情報は必ずウラを取る」というのは、記者として最低限の心得のはず。社会部長は大誤報を記者1人の責任にして「臭い物にフタ」をしようとしたのでした。

たとえ1人の記者が間違った原稿を書いたとしても、先輩記者なりデスクなりが目を通し、整理部のチェックを経てからでないと記事にはなりません。しかし、文部省ならやりかねない、さもありなんという思い込みがあったのでしょう。また、「読者は素人だから、こう言ったら騙せるだろう。読者の目を覚まさせてやろう」という思い上がった感覚もあったのでしょう。

門田 新聞が独自の見解を持たず、偉い人から発せられた情報の垂れ流しで終わってしまう例としては最近ではコロナ禍のワクチン騒動がありますね。

今までは「ワクチンは打たねばならない。どんどん打て、遠慮なく打て」と言い続けた日本医師会の理事が、ワクチン接種が原因で死者が出たことが認定されたら、次の記者会見で一転して、「自分の判断で決めてください」と言い出しました。驚くべきことです。

新型コロナのワクチン接種によってすでに2000人以上が亡くなっています。現段階で、史上最大の薬害訴訟になってしまう可能性もあるわけです。だから「自分の判断で決めてください」と言ったのは、訴訟で自分たちが責められてはかなわないから今のうちに手を打っておこう、ということです。

井沢　その会見を取材した記者には「今まで言ってきたことと違うじゃないですか」と質問した人はいなかったのですね。新聞を見る限り、日本医師会の変節ぶりを質すような記事はありませんでした。もっとも、厚生労働省の記者クラブである限りはそうしたことを期待してもムダでしょうが。

警察と記者クラブが怒った『週刊新潮』の報道協定破り

門田　１９８０年に富山・長野連続女性誘拐殺人事件[注1]が起こりました。それで誘拐された女性の安否が不明だったので、女性の生命を守るためとして警察とメディアとの間でこの事件を報道しないという報道協定が結ばれました。しかし、被害者が殺害されていることが明らかなのに「なぜ報じないのか」「この事件の報道協定は何の意味もない」との立場から、『週刊新潮』がこれを報じ、問題提起しました。

井沢　『週刊新潮』は記者クラブに入っていないから、このときの報道協定には加わっていない。

門田　反響は大きかったですね。警察も記者クラブも「『週刊新潮』は報道協定破りをした」と怒り心頭でした。

井沢　報道協定には最初から加わっていないのだから、破ったも何もないでしょう。一種の八つ当たりですね。

門田　ただしそのときの影響は4年後のグリコ・森永事件[注2]でもありましたよ。グリ森事件で江崎グリコの社長が誘拐されたのは日曜日の夜。新聞もテレビ局も即座に大報道しました。翌朝の新聞は1面トップと社会面ブチ抜きで報じました。しかし、なんと警察は、そこから「報道管制」を敷いたのです。一切、報道するな、というわけです。しかし、すでに大報道のあとだから報道協定の意味などありません。警察としては、自分たちの動きが報道されるのが嫌だから、それで報道協定を利用したわけです。

しかし、心配なのは『週刊新潮』です。また報道協定破りをするかもしれない、と恐れたわけです。日本雑誌協会を通じて『週刊新潮』に報道協定を守るように求めてきたのです。つまり、『週刊新潮』が所属する日本雑誌協会が『週刊新潮』に報道協定を守らせる」という役割を負った。議論の末、『週刊新潮』は日本雑誌協会の要請に従いました。

井沢　警察としても以前の報道協定破りに懲りていたから対策を立てていたということでしょう。

門田　朝イチの新幹線に乗って私たち取材班が事件の現場に着いて、「これから取材に入ります」と編集部に電話を入れたら、「雑誌協会が報道協定を受け入れた。取材は不可だ。現場での取材はしないで、そのまま兵庫県警の広報に向かえ」と言われました。えっ、なに?って感じですよね。すでに事件は大報道されているんですから。

兵庫県警の広報に行くと、記者クラブの横に大きな会議室があって、そこに全部の報道機関が詰め込まれていました。報道はさせないかわりに「定期的に記者会見はして、メディアに情報は伝える」ということです。

私たちが「『週刊新潮』です」と言ってそこに入っていった瞬間、空気が変わりましたよ。「えっ、新潮が来たの?」という記者たちの驚きです。「また報道協定を破るかもしれない」と反射的に思ったんでしょうね。

井沢　記者たちは『週刊新潮』なら報道協定を破ると思い込んでいたんですね。

門田　こっちは報道協定に従わなければならないから兵庫県警の広報に「行かされた」わけです。しかし、こっちもそれで「記事を出さない」わけにはいきません。

そこで現場取材をしない代わりに、報道後に敷かれた報道協定のありさまと、この問題点を4ページの記事にすることにしました。だから記者クラブにいる記者たちにもいろいろ話を聞いて、報道協定が敷かれた経緯やそのことへの嘆きも全部記事にしたんです。

井沢　転んでもただでは起きない。さすが『週刊新潮』ですね。

【注1】富山・長野連続女性誘拐殺人事件：1980年2～3月に富山県と長野県で犯人の宮崎知子によって若い女性2人が相次いで誘拐・殺害された事件。身代金目的の誘拐殺人事件であり、犯人の愛人が共犯者として誤認逮捕・起訴された冤罪事件でもある。

【注2】グリコ・森永事件：1984年と1985年に大阪府と兵庫県で起こった、食品会社を標的とした一連の企業脅迫事件。グリ森事件とも呼ばれる。犯人グループは1984年3月18日に江崎グリコの社長を自宅から誘拐し身代金として10億円と金塊100キロを要求した。だが、誘拐された江崎グリコの社長は自力で脱出。その後も犯人グループは「かい人21面相」と名乗って丸大食品、森永製菓、ハウス食品、不二家なども脅迫した。2000年2月に時効を迎えて事件は未解決に終わっている。

ジャニー喜多川の性加害問題を避けてきた日本のマスコミ

井沢　日本のマスコミの悪癖の1つとして本当と逆のことを書くというのがあります。北朝鮮のミサイル発射の例もそうです。あえて人工衛星など別のことにすり替えてしまう。その悪癖が壊れるのは、多くの場合、外圧からです。

例えば原発事故時もメルトダウンしていたのはまず間違いないのに、日本のマスコミは当初書きませんでした。一方、海外の新聞社や通信社は事故の状況からしてメルトダウンしているのは確実と見て危険性を正確に報じました。

世界中が大騒ぎして隠しきれなくなってから、東電は記者会見をし、「すみません、当初からメルトダウンしていました」と認めました。それを受けて日本の新聞も初めてその事実を書いたのです。

門田　とにかく、外国のメディアが書いたら、それをきっかけにして「書かせてもらう」というのが、日本のマスコミの情けない姿です。

井沢　田中角栄の金脈問題[注]も、海外メディアの記者で構成される日本外国特派員協会での田中の記者会見から本格的に火を噴いたのでした。それに対し新聞の記者が「そんなこと俺たちはみんな知っていた」とうそぶいた話は有名です。だったら、「なぜ書かなかったのか」ということです。知っているのに書かないということに対して、記者クラブに入っている日本のマスコミは鈍感になっています。

今大問題になっている故・ジャニー喜多川のスキャンダルも同じですね。芸能事務所ジャニーズの社長だったジャニー喜多川は長期間、事務所所属の少年たちに性加害を行っていました。

門田　ジャニー喜多川の性加害については、元フォーリーブスの北公次の告白本が1980年代に出ましたし、『週刊文春』は何度も取り上げています。私の担当ではありませんでしたが、新潮もやりました。

ジャニーズは裁判でも文春に負けましたよね。最高裁まで行って、「性加害は事実」というのが認められたのに、それでも新聞やテレビ局はどこも報道しなかった。

井沢　ところが、イギリスのテレビ局BBCが2023年3月にジャニー喜多川の性加害のドキュメンタリー番組を放送したら、日本のマスコミもこの問題に向き合わざるを得なくなりました。

門田　ＢＢＣがドキュメンタリーを放送したとたんに、日本のマスコミも一斉に動き出したわけです。情けないですが「いつものこと」です。口では偉そうに言うのに、圧力に弱いマスコミは何もしてこなかった。つまり「加害者、犯罪者に寄り添ってきた」わけです。

それまで、ジャニーズが日本のマスコミを利用してきただけではなく、日本のマスコミもジャニーズを利用してきました。特にテレビ局がそうです。完全に〝共犯関係〟ですね。

井沢　ジャニーズのおかげで出世できたという人はテレビ局のなかにけっこういますね。ジャニーズのタレントを司会者に起用して視聴率を上げたとか、ジャニーズのタレントたちのお陰で人気番組ができたとか、ジャニーズがテレビ局に大きな利益をもたらしているとすれば、テレビ局の報道部だってジャニーズ批判なんてできません。

そもそも日本のマスコミでは新聞とテレビ局が企業グループとして合体していて、

テレビ局には報道部門だけではなく芸能部門もあります。それで視聴率を稼がせてくれる芸能事務所のスキャンダルは取り上げられにくいわけです。

門田　ただしジャニー喜多川の性加害を取り上げることについては新聞やテレビ局だけでなく、女性誌を持っている出版社も完全にアウトでしたね。ジャニーズのタレントをグラビアに出してもらえなくなると、女性誌の売上げは大打撃を受けますから、当然、言いなりです。

文春や新潮は女性誌がないから、戦えたわけですよね。小学館や講談社にも週刊誌はあります。しかし自社の女性誌をジャニーズに人質として取られている以上、ジャニー喜多川の性加害問題など、とても週刊誌で書くことはできなかったわけです。

【注】田中角栄の金脈問題：首相だった田中角栄が、事前に知った公共工事予定地を買っておき、高値で売り抜けて多額の利益を得たという疑惑。月刊誌『文藝春秋』１９７４年11月号（10月９日発売）の記事で発覚し、10月22日に日本外国特派員協会がこの疑惑を厳しく追及したため国民から批判が高まり、田中は11月26日に首相辞任を表明した。

「安倍暗殺に残る謎を徹底的に解明しなければならない」

井沢　タブーに切り込まないという点では、安倍元首相の銃撃事件についてもそうです。2022年7月8日午前11時半ごろ、奈良市の駅前で安倍元首相がテロリストによって銃撃され、搬送先の病院で死亡が確認されたのは午後5時3分でした。容疑者は安倍氏の背後から近寄って手製の銃を発砲したとされています。

門田　新聞が肝心なことを書かないのは「いつものこと」ですよ。これまで言ってきたように役所や警察の広報紙ですから、都合の悪い話は1つも出てきません。安倍元首相暗殺事件もその1つですよね。

井沢　何度も述べているように、日本のマスコミは記者クラブに入っているという点で役所の広報機関です。発表を受けてそれで終わってしまいます。通常は発表をくつがえす取材をすることもありません。

ケネディ大統領は、アメリカのテキサス州ダラスの街をオープンカーでパレードしていて狙撃されたため、いろいろな角度から映した映像がありました。これまで、それらの映像を解析して暗殺で生じた謎を解こうという試みが何度も行われてきました。

安倍氏の場合、1発目が撃たれてから後ろを振り向いて、2発目が命中して倒れたという映像がちゃんと残っています。これを詳細に解析しようとすればいくらでもできるはずです。

それをやっていないのは、やはり隠したい何かがあって、マスコミも結果的にそれに協力してしまったということではないでしょうか。

門田　事件が起こって山上が逮捕され、次々と供述がリークされ、旧統一教会問題に話を持っていかれましたが、最初からひどかったですね。山上が元自衛官だったということから始まりましたが、すぐに「旧統一教会への恨みから事件は起こった」というふうに世論が誘導されていきました。

本当に旧統一教会への恨みがあるなら、母親から財産を奪った教会幹部や関係者は20年間も毎日、教会施設を出入りしているわけだから、山上は、いつでも命を「狙えた」わけです。それをしないで、わざわざ、なぜ安倍元首相を狙ったのか。私はすぐ「山上はウソを言っている」と思いました。

普通なら「アベガーの犯罪」、あるいは「背後に何があるのか」と考えますよね。しかし、奈良県警は山上の言うことを「はい、はい」とすべて受け入れて「旧統一教会問題」へと話を持っていきました。それを見て「このままではヤバい」と感じた人は多かったと思いますよ。

私は、警視庁公安部の取調官を投入したら、すぐに山上は本当のことを自供するだろう、と思いました。公安部の取り調べは厳しいですからね。

各都道府県警の垣根を越えて警視庁公安部をこの捜査に投入できるのは、中村格《いたる》・警察庁長官だけでした。私は、だから事件直後から、ツイッターその他で「中村長官は、早く捜査に警視庁公安部を投入せよ」と言い続けましたが、残念ながら、そうはなりませんでした。

弾道の謎も解明せず、そのままになりましたよね。救命にあたったのは、奈良県立医大救急診療科部長の福島英賢教授でした。福島教授は会見で以下の内容を述べました。

「首の前に2か所の銃創があった。真ん中と少し右です（注＝ここで、右鎖骨の上の部位を指差した）。これで心臓および大血管の損傷による心肺停止となったと考えられる。左肩の前の方に1つだけ別の傷があり、傷の大きさからこれが射出口と認められる。胸部の止血、大量の輸血を行った。弾丸による心損傷で、心臓の壁には大きな穴があいていた」

今なお、謎とされるのは、弾道です。分析した人間が「絶対におかしい」というのは、この弾道なんです。前頸部の右側から射入しているということは、犯人のほうを振り返った安倍さんが上体だけで90度以上、転回する必要があります。しかし、映像を見るかぎり、そこまで安倍さんは振り返っていない。つまり、「あり得ない角度」の弾道なんです。

衆議院議員の高鳥修一氏は自身も猟銃の免許を持つ銃の専門家ですが、「この銃弾は明らかに山上の方角から飛んできたものではない」としています。『週刊文春』も、実証実験まで行って、山上のいる方角から飛んできたとするのは明らかに無理がある、と結論づけています。

そのことを否定する勢力は、「陰謀論だ」と糾弾していますが、陰謀論でもなんでもありません。なぜなら、救命に当たった福島教授の証言に基づく弾道に対する見解だからです。つまり、白昼堂々と行われたテロの弾道さえ、奈良県警は解明できていないのです。これは信じがたいことですよ。

私の知り合いの自民党奈良県連の人間は、「安倍さんの近くにいた人間がほとんど聴取もされていない。捜査は本当に尽くされたんだろうか」と疑問を口にしています。おざなりの捜査で終わっているわけです。

マスコミの姿勢も疑問でした。謎の解明にまったく動かず、警察のリークのままで終わっている。もともと日本のマスコミは一部を除いて〝アベガー〟ばかりですよね。朝日新聞などは、「安倍の葬式はウチで出す」みたいなことを論説主幹が言っていたぐらいですから。反安倍キャンペーンを執拗に展開したのも朝日を筆頭とする左翼メディアでした。彼らは「空が青いのも、郵便ポストが赤いのも、すべてアベのせい」というアベガーばかりですから、マスコミ自体に安倍暗殺事件の真相究明への意欲など、なかったことがわかります。

安倍氏への憎悪を煽り続けたマスコミは、前述のように消費者裁判手続特例法や消費者契約法の改正で旧統一教会に決定的な打撃を与えた〝天敵〟安倍氏を逆に〝ズブズブの関係〟として、でっち上げました。朝日などはすべてわかった上で、これらの動きに追随したんです。

井沢　朝日が安倍氏を嫌いなのは仕方ないとしても、その死の現場に少しでも疑惑があったら、報道機関としては追及すべきです。そんな大事な仕事をやらないで、国葬となったらそれに反対するかのような、死者にムチ打つような記事を出しました。

門田　実は狙撃事件の3週間後に安倍氏は台湾で講演をする予定でした。李登輝元総統の没後2周年の追悼講演をするはずだったのです。

この席で蔡英文総統と会って、どんなステートメントを出すつもりなのか、私は注目していました。その時期にちょうどアメリカのペロシ下院議長も訪台する予定で、安倍―蔡英文―ペロシという「3人」が揃い踏みでどんなコメントを世界に発信しただろうか、と私は残念でならないのです。あの時期、秋に予定されていた中国共産党

第20回共産党大会の日程も決まらず、習近平の焦りは頂点に達していました。本当に習近平はルール破りの「3期目」に突入できるのか微妙な時期でしたからね。

3期目への鍵を握るのは、長老たちも集う「北戴河会議」です。その直前に、習近平がピリピリしていた時期と安倍暗殺事件は重なっているのです。さまざまな疑問が今も語られるのは当然だと思いますね。

第5章

LGBT法が先導する理不尽な現実

「岸田内閣支持率を急落させた主因はＬＧＢＴ法にある」

門田　昨今、既成の新聞・テレビというマスコミと、インターネットとの情報量の差が大きくなってきました。もちろん、ネットの情報量が勝っているわけで、その差はますます拡大しています。

日本でも最近、大きく問題化したＬＧＢＴにおいてもそうです。ＬＧＢＴとはレズビアン（Ｌ）、ゲイ（Ｇ）、バイセクシャル（Ｂ）、トランスジェンダー（Ｔ）の４つの頭文字から取られています。しかし多くの日本人にとっては聞き慣れない言葉でした。だから意味を知ろうとしても、マスコミの断片的な情報ではよくわからない。それがネットを利用すると、ＬＧＢＴの最新情報が得られるわけです。

井沢　ＬＧＢＴは、何もなければ一般の日本人にはあまり関係のない言葉でもあります。それが急に身近になってしまったのは、２０２３年に入ってからＬＧＢＴ理解増進法（正式名称：性的指向及びジェンダーアイデンティティの多様性に関する国民の理解の増進に関する法律）の国会での可決に向けての動きが高まってきたからですね。

門田　ＬＧＢＴ法案は内閣による提案ではなく、議員の提案による議員立法です。しかしこれが成立したら大変なことになるという懸念もネットの世界のほうが先行し、かつ問題視されました。

ネットでは、海外の事例を１つずつ挙げて検証し、この問題点が炙り出されていった。一方、日本のマスコミは鈍感と言うか無関心と言うか、ほとんど報じませんでしたね。

井沢　確かに新聞もＬＧＢＴ法案の中身についてほとんど報道してこなかった。私もネットの情報量との格差に驚きました。だから、ネットでＬＧＢＴに注目していなかった国民は、なぜＬＧＢＴ法案が突然出てきたのかと思ったことでしょう。

門田　ほとんどの国民にとっては不意打ちですよ。ＬＧＢＴ法が国会で可決・成立したのは６月16日でした。以後、岸田内閣の支持率はどんどん落ちていきました。原因はＬＧＢＴ法であることは明らかでした。

自民党の支持率では、７月には前月の33％から28％まで落ちて（毎日新聞）、岸田内閣になって最低の数字を記録したのです。女性の支持率も前月から9ポイント下落し24％となりました。ＬＧＢＴ法に対する懸念が反映されています。マスコミにはそういう想像力は働きませんでした。

井沢　普通の人なら不気味な法律だと思いますよ。

門田　そうでしょう。実際、私は周りで同性愛者を差別している人などに出会ったことがありません。私も、ゲイの〝ママ〟が経営する新宿2丁目のバーによく飲みに行ったし、その街の人たちを軽蔑したことなど全くありません。

古くはカルーセル麻紀や美輪明宏、ピーター、おすぎとピーコ、今はマツコ・デラックスまで、彼らを差別する意識を持つ日本人なんて見たことがない。むしろ個性だと誰もが認めています。

井沢　ピーコさんとは飲み友達でした。ＬＧＢＴ法は、差別などしていないのに「差別するな」と法律で強制するものだから、戸惑っている日本人のほうが圧倒的に多いですよ。

「自民党でも反対が多かったＬＧＢＴ法が党議拘束で成立」

門田　２０２３年2月頭に岸田首相の総理秘書官が同性愛者を嫌悪するような発言をしました。オフレコだったのに毎日新聞がこれを破って記事化した。この騒ぎが起こったときも、私自身は、同性愛者への嫌悪を口にするなんて珍しい人だなと思った程度でした。

ところが、この発言をきっかけに岸田首相が一挙にＬＧＢＴ法案成立に向けて走り出しました。アメリカのエマニュエル駐日大使を通じて、ホワイトハウスから首相に指示が飛んだと言われていますね。民主党はＬＧＢＴ法に熱心ですが、連邦議会では共和党の反対が大きく、成立の見通しが立たない。だから先に日本で成立させて、アメリカに影響を与えようと思ったのでしょう。岸田首相は自分自身の信念など全くない政治家ですから「はい、わかりました！」と従ったのでしょうね。

２年前に今回の法案に当たるものが出てきたとき、安倍晋三氏が自民党の政調会を通さずにいきなり総務会に持ち込んで潰すというウルトラCをやってのけました。だから、これは、「すでに終わった法案」でした。

井沢　そのＬＧＢＴ法案がまた蘇ってきたのですね。安倍氏がいなくなったことも背景にはあるでしょう。

門田　もちろん安倍氏の不在が決定的です。

いま言ったように岸田首相は確固たる自分の考えのない人ですから、２０２３年４月23日、後期の統一地方選挙が終わった時点で、１度葬られたこのＬＧＢＴ法案をいきなり出してきたわけです。

自民党はＬＧＢＴ法案について党内の意見を集約するために内閣第一部会と特命委員会の合同部会を４回開きました。そのときはＬＧＢＴ法案に賛成する議員が31人だったのに対し、58人もの議員から反対意見が出ました。反対は賛成よりはるかに多かったのです。けれども部会長に一任という〝強行突破〟で強引にＬＧＢＴ法案は国会に提出することになってしまいました。

井沢　それでＬＧＢＴ法案は、自民・公明両党、日本維新の会、国民民主党という４党の合意で修正されたうえで、２０２３年６月13日の衆議院本会議で賛成多数で可決されました。さらに参議院に送られて、さっき言ったように６月16日の参議院本会議で可決され成立したのです。

門田　最後は、ＬＧＢＴ法案に熱心な公明党が主役でしたね。Ｇ７対策とも言われていたＬＧＢＴ法案が「もうＧ７が終わったのだからいいだろう」と、国会での成立まで行かないとの予測もあったのに、公明党が「なんとしても成立を」と岸田首相にねじ込んだのです。

背景には自公の緊張関係がありました。萩生田光一政調会長が東京28区の候補者問題で公明党と揉めて、公明党の石井啓一幹事長が「信頼関係は地に落ちた。以後、都では選挙協力しない」と発言しました。その後、２党の友好関係崩壊が全国に波及するかもしれない危機感が岸田首相に生じていました。

ギクシャクしてしまった関係をなんとかせねばということで、今度は公明党が熱心に押してきたのを呑まなければならなくなりました。

国会の採決は、党議拘束がかかっているので反対はできません。もし反対すれば、選挙で刺客を立てられたりして徹底的にいじめられますからね。何人かの造反議員が出たものの、法案はすんなり通ってしまいました。実際には自民党でも多くの議員が疑問を持っていましたが、党議拘束がかかっては、どうしようもありませんでした。

LGBT法は児童にさえ同性愛への理解を求めている

井沢　LGBT法にはどんな問題が潜んでいるのか。その肝心なところをマスコミは報じないので、LGBTに深い関心があってネットなどで積極的に調べる人たち以外はよくわかりません。

LGBTの人たちを差別してはいけないというのは当然だから、社会にやさしいよい法律なんだろうと思っているような人が大半ではないでしょうか。

門田　そんなものですよ。でもLGBT法の中身はひどい。例えばLGBT法の第6条には、国、地方自治体、学校に対して「性的指向及び性同一性の多様性に関する当該学校の児童等の理解の増進に自ら努める」と書いてあります。学校にはもちろん小学校も含まれるので、これはとりもなおさず「児童に同性愛教育をしろ」ということです。性の自我が確立していない年端もいかない子供に同性愛を教えるなんて、誰がどう考えてもおかしいじゃないですか。

井沢さんは、すでに東京都ほか、いろいろなところで教材に使われている『王さまと王さま』（リンダ・ハーン、スターン・ナイランド著）という絵本をご存知ですか。

井沢　いえ、知りません。

門田　この絵本の著者はＬＧＢＴの先進国であるオランダの人で、昔からある名作の絵本ではなく、ＬＧＢＴの団体がつくったものです。「訳者あとがき」には次のようなことが書かれています。

「性の多様化とは、子供たちが幼いころから深めていくべきことです。日本ではこれを学ぶ教材が少ないので、この絵本が１つのきっかけになればと考えました」

児童に同性愛を教えるなんてあり得ない。私はてっきり法案から「児童」は外されると思っていました。誰が考えてもそうでしょう。けれども、法案は当初案のまま丸呑みされてしまいました。

井沢　その絵本の内容はどんなものなんですか。

門田　これがまた、すごいんですよ。

ある朝、女王さまが目覚めて、グータラ息子の王子に「早く結婚しなさい」とせかします。王子は母親に命じられるまま、仕方なく、お見合いを重ねるのですが、どの国のお姫さまにも心がときめきません。しかし最後のお見合いで、お姫さまについてきたお兄ちゃん（その国の王子）に胸がときめき、王子さまと王子さまがキスをするところで終わるのです。

つまり、「みなさん、好きになる人は異性でも同性でもどちらでもいいのですよ。自分の気持ちに正直な王子さまは幸せになりました。よかったですね」と教える絵本になっています。こんな考えを児童に植えつけていくのです。

しかもＬＧＢＴ法によってそうした政策を遂行するために、税金が大量に投入されることにもなります。

井沢　私も新聞を読む限り、ＬＧＢＴ法にそんな危険性があることはわかりませんでした。報じた記者自身もどこまでわかっていたのか、疑問です。

性的障害者に理解を示さなければいけませんという、お題目のようなキャンペーンばかりを報じていました。もちろんそれに対して反対する人はいませんから、何となく「いい法律なんだろうね」で終わってしまいます。

門田　LGBT法案を絶対通してはいけないという意見はネットの世界ではものすごく盛り上がっていました。

しかし現場ではすでに誤った事態が進行していて、児童への誤った教育も現に行われているのです。すごい時代が来たと思いますよ。

「人権と命を脅かす歌舞伎町タワーのジェンダーレストイレ」

門田　東京の新宿にある「東急歌舞伎町タワー」は、2023年4月にできた地上48階、地下5階のエンタテインメントビルで、ホテル、映画館、劇場、ライブハウスなどが入っています。私が2023年4月に「新宿・東急歌舞伎町タワーのトイレはこうなっている」とツイートしたら、読んでくれた人の数があっという間に450万人にもなって、非常に驚きました。

井沢　ものすごい数ですね。

門田　男子トイレは小便器しかありません。男が「大」をしようとしたら女子トイレに行く必要があり、普通の男子だけでなくＬＧＢＴの人たち、障害者の男子たちもみんな女子トイレに行かなければなりません。つまり、「通常の女子トイレがなくなってしまった」わけです。それが、ジェンダーレストイレ。「男女の区別なし」をトイレにも持ち込むなんて、あり得ないですよ。

ムキムキの男がどかどか入ってくるなら、女性は化粧直しもできません。これがはたして正しい「平等」なのでしょうか。滅茶苦茶です。「男女共同参画社会」を公衆トイレで実現するなんて、悪い冗談としか思えません。

井沢　門田さんのツイートの影響は大きかったようですね。

門田　歌舞伎町タワーのトイレが一挙に有名になってしまいましたね。何度もテレビや雑誌で取り上げられましたからね。

実は、ＬＧＢＴ法の最大の問題はここにあるわけです。全国のトイレから女子トイレがどんどんなくなっていることと、また、たとえ女子トイレが残っていても、これが女性と女児の「命と人権」の問題であることが、まったくわかっていないのです。「私の心は女性」という性自認の身体男性がこれから女子トイレに入ってくるわけですが、その中には残念ながら、性自認を装った性犯罪者もいるわけです。つまり、女性の心を持つと称する男性が女性の「獲物」を狙って、女子トイレで待ち続けることができるようになったということです。完全に女性と女児の「命と人権」の問題なのです。

井沢　本当に人権の面から考えると、このトイレは逆に人権を無視していることになりますね。

門田　それはちょっと考えれば誰でもわかることです。歌舞伎町タワーのトイレは抗議が殺到して結局、改修になりました。「女子トイレ」と「男子の大便用」、そして、「その他」との間に仕切りができて、完全に分けられました。

「ＬＧＢＴという概念の法制化で左翼の闘争も楽になる」

井沢　本来、こんなＬＧＢＴ法が成立してしまったことがおかしいのです。社会の常識を破壊する行為だとしか思えません。誰が最初に企んで誰が協力したのですか。

門田　すべて左翼がもとですよ。私は２０２１年に『新・階級闘争論』（ワック）という本を出しました。

内容を簡単に言うと、１９８９年ベルリンの壁が崩壊して、ブルジョワジーとプロレタリアート、つまり資本家と労働者との階級闘争が決着しましたよね。つまり、左翼はこの「最大の戦い」に破れたわけです。しかし、その後、左翼は消えてなくなったかというと全く違います。大きな階級闘争には敗れたが、彼らはその代わりに「小さな分野」を設定して、ここで闘争を始めたのです。小さな分野とは、たとえば、性別、性的指向、職業、人種、学歴、門地、収入……等々、社会にはたくさんの分野がありますよね。そこでの「闘争」を左翼が姿を隠してやり始めたのです。

つまり、「あなたはここでこんな差別をされていますよ」と〝差別の被害者〟をつくっていくのです。LGBTもそうです。あなたは、この「性的指向」でこんな差別を受けているのです、声を上げていかなければなりません、と「被害者」をつくりだしていく。人間同士のあらゆる「差異」を「差別」にしてしまえば、何でも闘争の対象にすることができます。これが、左翼陣営による「新・階級闘争」です。

井沢 人間の差異というのは「多様性」でしょう。それを差別に変えるのですか。

門田 そうです。小さくて些細な差異であっても、それをことさら強調することで「差別の被害者」を生み出し、その被害者の不満をテコにして新しい階級闘争へとつなげていく。言い換えると、「差別する側」と「差別による被害者側」という2つの階層をつくり出したうえで、大衆を各分野での「被害者」に仕立て上げれば、新しい階級闘争になる、と考えたのです。

井沢 なるほど。アメリカではそういうことが顕著になっていますね。

門田 アメリカの民主党は左翼の連中に牛耳られてしまいました。日本だって同じようなもので、特に「性による差別」は、左翼にとっては体制破壊のための手っ取り早い手段でもあるのです。だから「性による差別」が新・階級闘争の格好のターゲットになったのです。

「多様性に反してはいけない」とか「差別はいけない」と言われたら、誰でも建前としては否定しにくいので、すぐさま反論はできません。そこにつけ込んで新・階級闘争の実行者は社会を変えていこうとしているのです。

彼らの戦い方としては、まずＬＧＢＴとか「ルッキズム」など新しい単語を前面に出し、それに反した言動をした人をターゲットにして「お前は差別主義者だ」と非難し攻撃するわけです。

井沢　左翼にとってはＬＧＢＴやルッキズムという言葉自体が大きな武器になるわけですね。

門田　まさしく現行の秩序を破壊するためには利用価値があると考えて、彼らが選んだのがＬＧＢＴという言葉であり、考え方なのです。しかも、このＬＧＢＴという概念を法制化してしまえば後の闘争も楽になる、とわかっていました。

井沢　安倍氏もそういうことを見抜いていた。

門田　だから、安倍氏は「これはいかん」と危機感を持って2年前にＬＧＢＴ法案を潰したのです。ＬＧＢＴ法案が「性同一性（性自認）」を認める内容であったことから、安倍氏は実際には男でも「私は、心は女よ」と言ったらそれが通ってしまう世の中というのはおかしいと判断し、その法案を潰したわけです。

ただし本当に心と体がバラバラで、悩んでいる人もいます。これは病気であり、「性同一性障害」というように「障害」の文字が入って、医学的に認定を受けられるわけです。そうした「障害」への対応はきちんとしなければならないというのが安倍氏の基本的な考えでしたね。

井沢　けれども安倍氏の意思に反して今回、ＬＧＢＴ法が成立して性同一性を認めてしまうことになりました。

門田　残念なことです。しかも、法律に入ったのは性同一性ではなく「ジェンダーアイデンティティ」という誰が聞いてもわからない言葉でした。しかしそれは左翼にとっては性同一性と同じ意味です。裏を返すと、ジェンダーアイデンティティは左翼以外の人たちに対する一種の目眩《めくら》ましの言葉なので、その点でも気をつけなければなりません。

「日本のマスコミはＬＧＢＴで大混乱のアメリカを伝えない」

井沢　アメリカではＬＧＢＴの現場はどうなっているのですか。歌舞伎町タワーのトイレのようなものはあるのでしょうか。

門田　先も言ったように、ＬＧＢＴ法に当たる法律は連邦議会で共和党が反対しているため、連邦法として成立していないし、成立する見込みもありません。それに、ＬＧＢＴについてはアメリカでも共和党が多数派を取っている州は問題がなく、大混乱になっているのは民主党が押さえている州です。

カリフォルニア州ではこんなことがありました。性自認の男が女子トイレに入ってきて、女子高生がこれに抗議したのです。闖入者の男がその子の通う学校に文句を言ったら、その女の子は停学処分を受けてしまいました。女の子の父親が抗議に行くと、逆にその学校のテニス部のコーチを解雇されたのです。怒った父親が今度は裁判に訴えたら、勝訴したのです。もう現場は大混乱ですよ。

カリフォルニア州ではあまりにも同性愛教育が露骨すぎるため、父兄同士が殴り合いの喧嘩をし、それが暴動に発展しそうになって警察が出動するなど、収拾のつかない状況が起きています。

一方、共和党で次の大統領選への出馬を模索するフロリダ州のデサンティス知事が、フロリダ州では児童への同性愛教育を禁止、ダメだということにしたのです。でも、それではまだ緩いという意見が出て、同性愛教育の禁止を高校生まで広げることになりました。

同性愛教育を民主党は「どんどん広げたい」、共和党は「進めたくない」……アメリカでは共和党の州と民主党の州とで同性愛教育、ＬＧＢＴ教育をめぐる環境が全く異なっていて、これで１つの国なのかというような状況になっています。

ところが、そういうアメリカの状況を日本のマスコミは全然取り上げません。

井沢　日本もいずれカリフォルニア州のようになるのでしょうか。

門田　なるかもしれません。先日、ＮＨＫが夕方のニュースで、東京の屋外の公衆トイレの約60％で女子専用トイレがなくなった、という驚くべきことを報じていました。つまり、「男子トイレ」と「それ以外のトイレ」になったのです。女性も、ＬＧＢＴの人も、すべて「それ以外のトイレ」に入ってください、ということです。

井沢　屋外の公衆トイレというのは公園などにありますね。女子専用トイレがないのなら、歌舞伎町タワーのジェンダーレストイレのような仕組みの公衆トイレがどんどん増えているということですね。

公衆トイレから女子専用トイレをなくすのにも、けっこうお金がかかるでしょう、

門田　しかしそれをまた元に戻すとなると、また金がかかるから大変なんですよ。

左翼が牛耳ることになった戦後の日本のマスコミ

井沢　左翼の連中が大きな闘争の目的を失って、そこかしこにある差別に目をつけて新しい階級闘争を始めたというのは理解できます。

しかし過去のオーソドックスな闘争では、闘争の先に民主的で理想的な社会をつくろうという目的があったはずです。今の左翼はただ破壊することだけが目的であるような気がします。

門田　いや、現在の秩序を破壊しないと「次」が来ませんから、破壊した先に自分たちの世の中が来ると思っているのです。その点で１９７０年代に社会を壊して回った過激派と、考えていることの根本は一緒です。

井沢　別に庇うつもりはありません。ただ過去の左翼の連中には、階級闘争を通じて資本家と労働者との戦いに勝利し、彼らにとっての民主的な国家をつくろうという目的はあったわけじゃないですか。でも今は全然違う。破壊するのだけが目的ですよね。その先には何もない。

門田　それでも、破壊した先に自分たちの世の中が来ると信じていると思いますよ。そのためには、「まず破壊することが大事」ということです。70年代の過激派や革命家と変わりません。

井沢　とすれば、三つ子の魂百までと言うか、左翼の宿痾に取り憑かれているわけですね。

門田　そのとおりだと思います。

井沢　そもそも論をすると、１９４５年に日本が戦争に負けたとき、朝日新聞や毎日新聞は、それまでさんざん戦争を煽ってきたのに、「これからは平和でいこう」ということで手の平返しをしました。

特に歴史学の世界や経済学の世界にも左翼の人たちが入ってきて、天皇という存在は日本の恥である、世界でいちばん民主的でうまくいっているソ連や中華人民共和国を見習うべきだ、という方向性ができてしまったのです。

門田　戦争に負けたことで、日本に左翼が復活しましたね。

井沢　そうして左翼思想にかぶれた人たちは、例えば60年の安保闘争を引き起こしたのです。安保闘争に参加した左翼学生たちは、朝日やＴＢＳをはじめマスコミに流れてしまいました。歴史学や経済学の世界と同様に、マスコミの現場もやがて左翼の人たちに牛耳られることになったのです。

ただし学生運動歴があると、普通のまともな大企業には入れなかったという事情もあります。だからマスコミに入った学生のほうも、自分たちを拾い上げてくれたということで変に頑張ってしまうことがありました。

門田　しかも、そういう人たちは自分たちのことをインテリだと思っています。インテリは社会主義、共産主義を好み、資本主義を嫌うから始末が悪い。

この傾向がだんだん強くなって、１９６０年代の終わりごろから70年代にかけて、日本のマスコミでは社会主義、共産主義を称賛し、資本主義を排除するというムードが充満してしまいました。その影響が今なお、続いています。

第6章

既存のメディアからネットの時代へ

新聞の自己陶酔の「言葉狩り」は日本文化を破壊する

井沢　新聞が道を誤ってしまった局面は歴史上多々ありますね。その1つに30年ほど前に起こった言葉狩り（差別語狩り）がありました。「めくら」「つんぼ」「びっこ」などという言葉は絶対使うな、ということです。

障害者に不快な思いを抱かせてはいけないという考え方は理解できます。けれども言葉狩りが行きすぎれば、日本文化を破壊してしまいかねません。

門田　新聞の自己陶酔と言うのか偽善と言うのか、「この言葉は差別語です」とする言葉狩りはやはり日本文化を破壊するわけです。

井沢　新聞は谷崎潤一郎の『盲目物語』も「けしからん」と言い始めるようになりました。それに対し、私も雑誌『ＳＡＰＩＯ』でずいぶん抵抗したのです。ところが、当時の新聞はまだ大部数を誇っていて新聞の意見は正しいと信じている人も多かったため、こちらの抵抗は蟷螂の斧のような感じでしたね。

門田　言葉狩りには私もずいぶん抵抗したものです。私が担当した『週刊新潮』の特集記事のタイトルに「群盲《ぐんもう》、象を撫《な》でるがごとき……」というのがありました。新聞広告では「群盲」が認められず、2つの黒丸に変えられてしまったのです。

いずれにしても当時、新聞は、社会的弱者の立場を尊重するためには旧来の文化を破壊したとしても許されるはずだと意気軒昂でしたね。独りよがりの偽善なのに。

井沢　偽善であったうえに傲慢でもあった。

門田　言葉狩りで最初にターゲットになったのは『ちびくろサンボ』ですよ。世界的に広く読まれていた面白い童話なのに、日本では絶版にされてしまいましたね。

井沢　まるで魔女狩りのようにひどい話だ。

門田　言葉狩りが高じて、今の学校では男子の呼称の「○○くん」と女子の呼称「○○ちゃん」をやめましょう、というところまできています。男も女も「○○さん」でいいということなのです。

学校現場にはそんな暴論を主張する日本共産党系の先生が必ずいます。であれば校長先生なりが「いや、それは違う。男女の違いとはそういうものではない」と諭《さと》すべきです。残念ながら現実にはそうではありません。

井沢　男女の区別がダメとなると、実はそれだけでは終わらず、人間の能力の差もダメだというところまで行く。だから例えば運動会の徒競走では1等賞も2等賞も3等賞もなくなって、結果がどうあろうと「みんな、頑張りました」で済ましている学校も出てきました。

門田　徒競走に順位をつけないのなら、では、何のためにやるのか。日教組系の先生にとっては、そんなことはどうでもいいんでしょう。子供にわざわざ駆けっこをさせて、しかも順位をつけないことで、人間の平等を大切にしているという、自分の思いに陶酔したいだけなのです。

井沢　むしろ人間に能力の差があるのは当然なのだから、「それでも存在として、人は平等だ」と言えばいいんですよ。無理やり何でもかんでも平等にしようとすると、間違ったおかしな社会になってしまいます。

「差別語はないかと映画のセリフに目くじらを立てる不毛」

井沢　言葉狩りで例えば「めくら」という言葉を絶対に使ってはいけないということになったら、映画「座頭市」もテレビで放送できなくなります。悪人たちが「このどめくら」と言って座頭市の怒りに火を点けるシーンが映画の1つのクライマックスなので、「めくら」を使ってはいけないと放送でもそのシーンにはピーッという音を被せることになる。映画を見ているのに興ざめもいいところですよ。

門田　言葉狩りのせいで、そんなことになった時期もありました。しかし最近では、映画のセリフにいちいち目くじらを立てることのバカバカしさも明らかになってきました。それにＤＶＤやブルーレイになった映画とか、動画配信の映画とかのセリフをすべてチェックしてピー音などを入れるのは膨大な手間とコストがかかります。

井沢　だから最近、「座頭市」などでも、「当時の制作者の意図を尊重し、そのまま放送しますす」といったテロップが出るようになってきました。もちろん、そもそもは言葉狩りの不毛さが理解されてきたからだ思います。

僕も最初から差別語狩りを批判してきたので、映画にテロップが出るようになったことに関してはちょっと功績があるんじゃないかと自負しているんです。ここまで来るには何十年もかかりましたが。

門田 それで最近、戦争の時代を背景にした拙著『奇跡の歌～戦争と望郷とペギー葉山～』という本を文庫化してもらったのですが、その「校正」で、「北支」「中支」「南支」といった呼び方は差別語だということで、チェックがつきました。でも会話で北支を使っているのに、それがダメなら何と言えばいいのか。

また、「人夫」も差別語なのです。人夫と同じ意味の「土方」もやはり差別語だから使えない、と。しかし、差別語だと言って使わなかったら、その時代の雰囲気が全然出てこなくなります。

結局、映画のテロップのように「あとがき」で〝おことわり〟を入れて、すべて使わせてもらいました。

井沢 戦争のときの用語は難しいですね。「支那事変」は歴史用語なのにＮＨＫなどでは

「日中事変」にしていました。日中事変なんて戦争のときにはなかった言葉ですよ。

門田　さっきの本ではその支那事変もちゃんとチェックがつきました。

井沢　だって、いまだにワープロで「支那」と打ってもすぐには出てきません。

門田　そうですね。

井沢　自分でつくってワープロに覚えさせるしかないのですよ。

「テレビ局は手間暇を省いて人のフンドシで相撲を取る」

門田　話は変わりますが、テレビのワイドショーの「今朝の新聞によると」という手法は、独自の取材をせずに人のフンドシで相撲を取る手抜きの典型です。しかも写真とか記事中にある図表とかをパネルに出すと新聞社にかなりの金を払うことになるので、本文の抜粋をダラダラと流しているのですよ。

井沢　その「今朝の新聞によると」というのには「おまえたち、報道機関のプライドはないのかよ」と言いたくなります。また、テレビで「一部週刊誌報道」という表示があると、『週刊新潮』なのか『週刊ポスト』なのか『週刊現代』なのか、「ちゃんと名前を書けよ」と思いましたね。

門田 テレビでは以前、新聞や週刊誌の情報をタダで使い放題使っていたのです。それに対して『週刊文春』や『週刊新潮』からクレームが出ました。長期間の交渉の末にテレビ局が記事の使用料を払うことになりました。週刊誌の表紙もきちんと紹介するようになりましたね。

ところで、私が独立して書いた書籍の第1作は『なぜ君は絶望と闘えたのか』(新潮社、2008年)という「光市母子殺害事件[注]」についてのものでした。この本が発売になったちょうどその日に、私が徹夜明けで昼に起きたら、なんと、いきなり〝ベストセラー〟になっていたんですよ。

アマゾンや各書店のランキングなどあらゆるところで1位になっていて驚きました。理由がわからなかったんです。だから本の編集者に聞いたところ、その朝、産経新聞が私の本を1面の左方の記事で大きく取り上げてくれていた。そして、その記事を読売新聞の橋本五郎氏がテレビの「今朝の新聞」コーナーで取り上げてくれて、記事の中身も全部読んでくれたそうなんです。

その影響力がすごくて一気にベストセラーになったわけです。それをきっかけに私は橋本氏とも知り合いになりました。

井沢　あれはテレビ局としては新聞の早刷りを待ってくるだけでいいのだから、コストパフォーマンスは抜群です。

門田　とはいえ、やはりテレビの力の大きさに仰天しました。ただし私のあの本は2008年に出版したので、あれから15年も経った今では、テレビの力もけっこう衰えているでしょう。

また、同じ視点から、国会議員の劣化についても触れさせていただきたい。週刊誌や新聞で報じられたことを「マスコミ報道によりますと」と言って、そのままパクッて国会議員が質問で取り上げますよね。

国会議員には国政調査権があるのだから、すでに報じられていることの1歩でも2歩でも先のことを調べて質問すればいいのに、それをしないことに驚かされます。そのままパクるだけです。やろうと思えば、国政調査権を発動して得た情報は自分がつかんだネタとして表に出せるのだから、やればいいじゃないですか。それをする発想すらなくなっている劣化ぶりに驚かされます。本当にもったいない限りです。

【注】光市母子殺害事件：1999年4月14日に山口県光市のアパートで発生した、当時18歳の少年が主婦と幼児を強殺した事件。

「新聞の2面と3面を開かないから書籍広告も載せない」

門田 最近、出版社の友人に会ったら、「新聞に書籍広告はもう出さない」と言っていました。もちろん部数減のせいもあります。しかしその友人によれば、「もはや読者が新聞を開く習慣さえなくなってきた。だから、書籍広告の載る2面と3面とかに広告を打っても効果がなくなってきた」ということでした。

私は自分の本を新聞の書籍広告に出すときにはいつも、「2面か3面にしてほしい」と頼んでいます。ただ現実は、2面か3面さえ読者が開かないから広告の効果もなくなっているというんですよ。

井沢　出版業界ではずっと前から、新聞の2面と3面に出す書籍広告の効果が薄れたとは言われてきました。それが今や読まれないという段階を通り越して、新聞の紙面自体が開かれないところまできたわけです。

ただしカルチャー面とか家庭欄の実用記事はまだ読まれているかもしれません。2面と3面が開かれないというのは、そこに載っている政治や外交の記事に関心がなくなっているということでもあるでしょうね。

門田　政治や外交については、ネットからいくらでも生の情報が入ります。そもそもネットより情報の遅い新聞など読まなくてもいいという感じになっている。そういう時代が来てしまったわけです。

井沢　だいたい今、電車で新聞を読んでいる人はほとんどいません。若い人はもちろん読まないし、年配者だってスマホを見ている。

門田　昔は朝、電車に乗ったら、ほとんどの人が新聞を読んでいました。新聞じゃないと週刊誌を読んでいて、写真週刊誌の『フォーカス』を読んでいる人もけっこういましたよ。この車両には『フォーカス』を読んでいる人が6～7人もいる、と驚いたこともありました。今は電車の網棚の上も空っぽです。昔は読み終わった新聞や週刊誌をポッと置きましたよね。でも、今はもう電車に乗ると全員スマホですから。

井沢　雑誌の中吊り広告も減りました。

門田　昔は満員電車に揺られながら週刊誌の中吊り広告を読むと、それだけで「天下の情勢」がだいたいわかりましたよね。

井沢　まあ、黒板に天下の要点を箇条書きしてもらっているようなものだったですからね。これは知らないけど何だろう、みたいな見出しもあって、それはそれで興味を引かれたものでした。

門田　電車の乗客の目線も、スマホ時代になってみんな下になったんですよ。中吊りを見る習慣がなくなってきました。だから上に中吊り広告出してもダメなんです。

井沢　駅のキヨスクもなくなってきましたね。先日、東北新幹線に乗るために丸の内の改札口からＪＲに入場して、週刊誌を買おうと思ってキヨスクを探してもないのですよ。さらに、行けども行けどもキヨスクがない。結局、週刊誌を買えないまま、新幹線に乗らざるを得ませんでした。

門田　キヨスクがなくなると、買いたいものが買えなくて困るわけです。私は毎週、『週刊新潮』や『週刊文春』を送ってもらっています。でも、発売当日の朝に届くわけではありません。だから、発売されたらすぐに読みたいというとき、買うわけです。しかし、駅では売っているところがなくなって、買えないんですね。

井沢　だから今は、駅に行く前にコンビニで買ったほうがいい。

門田　コンビニも置く週刊誌の冊数を絞っているから、話題になっている週刊誌はすぐに売り切れるんですよ。

本当に週刊誌が読みにくい時代になりました。

「部数減が過激化につながるという悪循環に陥った新聞」

井沢　日本新聞協会が2023年の初めに発表した2022年10月時点の新聞の発行部数は3084万6631部でした。これは前年比218万504部減です。過去5年は年間２００万部を超える減少が続いているので、今後とも２００万部ペースで部数を減らしていく可能性が高い。

となると単純計算では15年間で日本の新聞は消滅することになります。しかし現実にはそれまでに新聞社が次々に潰れていき、発行部数が１０００万部を切ってしまったら、事実上、日本の新聞はほぼ壊滅することになります。それまでもう10年くらいしかありません。

門田　「貧すれば鈍する」という言い方がありますね。新聞も部数が減ってくるにつれて、朝日新聞、毎日新聞、東京新聞などは記事の内容がどんどん左寄りに過激化してきました。だから、一般の読者のためというより、左の活動家あるいは自分たちに味方してくれるコアな仲間のために記事を書いているような感じになっているのです。とすると一般の読者は、ますます離れていく。部数減にさらに拍車をかけていることになります。

井沢　まさに新聞は過激化によって悪循環に陥っていますね。

門田　東京新聞記者の望月衣塑子氏は今の新聞の過激化の象徴ですね。先日、国会で望月氏がヤジを飛ばして問題になりました。彼女も記者証を持っています。記者証とは、国民の知る権利に応えるために、マスコミが国会や官庁に自由に出入りして取材できることを認められている特権にほかなりません。

ところが、彼女は参議院法務委員会での入管法改正案の審議時に大声でヤジを飛ばしました。法務委員会に自由に出入りできたのは記者証を持っていたからです。しかしやったことは「記者」ではなく「活動家」のそれでした。

井沢　さすがに今までそんな酷いことをする記者はいませんでしたね。

門田　望月氏のヤジはもちろん国会でも問題になりました。だから、「ロシアの武力侵攻を招いた責任はウクライナにある」など、普段は首を傾げる発言が多い参議院議員の鈴木宗男氏も、彼女に対しては「あの女性記者は望月というのか。記者がヤジを飛ばすなんて、そんなことが許されるのか」と怒りを露わにしました。ここ1～2年では珍しく拍手を浴びたのです。これは鈴木氏が正しい。

井沢　でも、望月氏は著書も映画化されたし、今はスター扱いされるようにもなっています。だから舞い上がってしまっている。

門田　しかしいちばんの問題は、望月氏のヤジへのマスコミの反応です。東京新聞は彼女をそのまま国会に置いているし、新聞業界も彼女に対して何の措置も取っていません。

マスコミは、国民の知る権利に応えて日ごろ取材活動、記事執筆をしているわけです。だから本来、それを裏切るような行動をした望月氏に対しては、業界自体が厳しい対処をしなければいけない。

それができないなら、自分たちは「活動家のためのメディアである」ということを新聞業界が認めたに等しい。そこまで堕ちてしまっていいはずがありません。

井沢　話を戻せば、日本の新聞が部数減に伴って過激化すると、読者は「特定の支持層」ばかりになっていくとも言えるでしょう。特定の支持層とは、平和を唱えれば平和でいられると思っているような人たち、つまりドリーマーたちの集団と言ってもいい。ドリーマーだから現実社会から遊離しているのです。

門田　今の日本のマスコミは全体としては確かに左寄りです。しかし現実にはイデオロギー上の左右対立の時代などではなく、「ＤＲ戦争」の時代だと私は考えています。Ｄ

はドリーマー、Rはリアリストのことですね。

ドリーマーは観念論に凝り固まった挙句、〝夢見る人〟になってしまった人たちで、ネットではよく「お花畑」とからかわれています。リアリストは現実主義者。自分や自国の置かれている立場を冷静に理解したうえで、現実的な対応をしようとする人たちです。

このドリーマーとリアリストが争っているのが今の時代なのです。

往時に比べて急激に下がってしまったマスコミの人気

井沢　講談では大久保彦左衛門は天下のご意見番で耳の痛いことを言います。そういう人間は貴重だという考え方もあります。マスコミも本来、大久保彦左衛門のような存在であるべきでしょう。
でも結局、みんなは「何であんなことを言うのか」とか「みんな仲良くやっているのだから、事を荒立てなくてもいいじゃないか」と大久保彦左衛門を煙たがる。実際には日本のマスコミはこれまで大久保彦左衛門みたいではなかったから人気があったのでしょう。

門田　とにかくマスコミ全盛時代は続きました。だからマスコミは長らく文科系の学生にとっていちばん人気の就職先で、優秀な学生もこぞって行きたがっていました。

井沢　そうですね。ものすごく人気がありました。

門田　私は大学に入ったときからマスコミに行くと決めていました。でも、大学の4年生になると、マスコミに行きたいなんておくびにも出していなかった友人たちが全員、「マスコミを受験する」と言い出しました。私のほうは「お前も、お前も、お前もか」とびっくりしましたね。

井沢　今は全然、違いますね。

門田　昔のマスコミの異常な人気を思えば、今はもう全く別の世界になりましたね。昔、マスコミに人気があったのは、やはり格好いいと思われていたからじゃないでしょうか。

井沢　そうですね。反権力で言いたいことが言えて、しかも給料がよかったから。

門田　マスコミは給料面でも恵まれていました。

井沢　でも、昔もマスコミはかっこいいというのは幻想でしたよ。もともとあまりいい商売じゃありません。試験が得意なら入れましたから、そういう人がマスコミを目指すというケースも多かったのです。

門田　いずれにしても時代は変わりました。若い人に聞くと「もうマスコミは斜陽だ」と口を揃えますね。マスコミが肩で風を切っていた時代は終わりました。

井沢　最近、マスコミ志望という若い人が減っただけでなく、優秀な学生なら新聞社など受験しなくなりました。

門田　今や日本のマスコミの凋落は学生の目から見ても明らかになったのです。

「それでも新聞は不動産と専門記者でしぶとく生き残る⁉」

門田　ただ、大手新聞の本社はどこも国有地の払い下げの土地に建っています。しかも全部が超一等地です。

新聞社は国に対し「この国有地が欲しい」と言うときのために政治部の人間を有力な政治家に食い込ませてきたとも言われています。あながち的外れではないでしょう。

井沢　朝日新聞が東京本社を置いている築地の土地も国有地の払い下げでした。

門田　ただし大手新聞は本社以外でもけっこう一等地を持っていて、新聞の部数減を不動産業で補っているところがあります。

朝日の場合、いま経営を支えているのは２０１２年に竣工した大阪・中之島のツインタワーですね。

朝日としては、このビルを建てる際、テナントとして一流企業が入ってくれるかどうかという点が一種の賭けでした。朝日が説得、あるいは頼み込んだ結果、それなりの数の一流企業を入れることができたのです。

井沢　だから中之島フェスティバルタワーの建設は大成功でした。

そんな不動産を持っている限り、朝日は絶対に潰れないと思います。それどころか、利益面からはすでに本業が不動産業で片手間に新聞を発行している、という見方をする人もいます。

門田 私としては朝日にはすぐにでも新聞をやめて、不動産業に専念してほしいですね。

井沢 しかし新聞はまだ権威を保っているので、それが不動産以外の事業の収益にも寄与していてバカにできません。報道以外のイベントや催し物、すなわち高校野球・都市対抗野球、遺跡の発掘調査、各種の演劇やコンサートの興行などが収益に多大な貢献をしているのです。

これらのイベントや催し物は新聞でも取り上げるので、それぞれの事業に対応した専門記者も配置しています。この記者のレベルはかなり高く、普段からその事業に関係ある分野の研究も行い、シンポジウムを催したりもしています。

そして、文化的な活動を好み、専門記者の記事を読むために新聞を取っている読者も多くいるのです。

門田 私もその手の専門記者を何人か知っています。趣味が昂じ、やがてその分野にかけては「この人あり」という評価を得て、その分野の本職から一目も二目も置かれるようになった記者は少なくありません。

私の親しい自衛隊のある幹部も特定の専門記者の名前を挙げて、「軍事の知識量がすごい。戦車の甲板の厚さがどうのこうと言ってくる。こっちも答えられないから質問されるのが嫌だった」と言っていました。

優秀な専門記者を育ててきたのは新聞の数少ない功績の1つと言えるでしょう。ただしそういう記者は一種のオタクで、その考え方が紙面全体の論調に反映されることはありません。

ネット時代がもたらした「情報ビッグバン」の威力

門田　ネットで発信したことのある人は、ネットでのやりとりで自分と同じ考えの人間がいっぱいいることが実感できます。その実感はだんだんと世の中に浸透していくはずです。これもネット時代になった大きな変化の1つでしょう。

逆に言うと、それ以前はマスコミが報じていることが正しくて自分の見方は間違っていると思っていたことがよくありました。しかし他の個人がネットで発信する情報によって自分と同じことを考えていることがわかると、むしろ偏っているのはマスコミのほうだと気づくことになります。

井沢　ネットで情報を発信できるようになったのは有名人も同様です。一般の人は以前、マスコミの取材を通してでないと有名人の考え方がわかりませんでした。今は有名人自身がSNSに自分の考えを載せると、直接それが一般の人に伝わります。

門田　いずれにせよ、各個人が情報発信できるツールを持ち、その威力がいつの間にかマスコミを凌駕しつつあるのが今の時代です。この現象を私は「情報ビッグバン」と呼んでいます。この情報ビッグバンが目下、マスコミをじわじわと追い詰めているのです。

井沢　各個人が発信する多様な意見によってマスコミの情報が検証される、という側面も大きい。

門田　だからでしょう、マスコミは「ネットは信用できない。フェイクだらけだ」とよく批判します。しかし見当違いもはなはだしい。個人の情報発信によって、逆に今はマスコミのだらしなさ、いい加減さが目立つようになってきました。だから、真実はネットのなかにこそあると言いたくなります。

井沢　個人は情報を発信すると同時に、どうすれば質の高い情報を効率的に得ることができるかも試されていますからね。

門田　まさにそうで、ネット時代には情報の洪水から真実を探し出す力のある人、つまりネットリテラシーの高い人が求められています。現実にはそういう人がどんどん増えてきていて、だからこそマスコミから距離を置き、むしろ特定のジャーナリスト、評論家、その道のプロである個人を信用して正しい情報を得ようとしているのです。

かつては「朝日新聞が書いているから」という理由で、無条件に信じ込んでしまいました。今は「特定のメディア」ではなく、信頼に値する「特定の個人」を見つけるほうが情報の取得には有利になってきたのです。

とすれば、相も変わらずファクトではなく主義・主張やイデオロギーに基づいて特定の色のついた情報を発信し続けている既存のマスコミは見限られることになる。マスコミがいくら国民を特定の考え方に染め上げようとしても、もはやそんなことはとてもできない時代になってきたのです。

井沢　新聞は傲慢にも社会の木鐸だと標榜してきました。木鐸は昔の中国で法令などを市民に伝えるときに鳴らした大きな鈴です。だから「新聞は社会の木鐸」とは、社会が正しい道に進むように新聞が警鐘を鳴らすという意味になります。

門田　まさに門田さんの言う情報ビッグバンでは、もうそんなのお呼びじゃないですよ。日本も今の新聞の書いていることに従ったら、とんでもないところに行ってしまうでしょう。新聞より、信頼に値する特定の個人のほうがいいに決まっています。

それで、各個人がネットを通じて情報を発信できるようになったことは「情報の民主化」にほかなりません。

日本ではマスコミが記者クラブに記者を配置して情報を独占し、その情報だけを国民に「下げ渡す」システムが戦後ずっと続いてきました。この体制は、行政が提供した情報や、記者が夜討ち朝駆けで政治家や官僚から取材した情報などを国民に丸飲みさせるというものです。つまり、情報が民主化されていなかった。

井沢　だからマスコミは国民に情報を押し付けて平然としていたわけですね。

門田　マスコミにとって国民は、自分たちの独占している情報を受け取るだけの存在にしかすぎません。それはマスコミの驕りです。情報を独占している以上、政治家も含めて誰も文句がつけられませんでした。

今やネットによる情報の民主化によって、もう新聞を読む必要がない、判断するにもネットの情報で十分だという人たちがどんどん増えてきました。それは新聞の驕りが招いたものでもあって、自分たちの情報を国民に下げ渡すという立場にずっとあぐらをかいていた帰結でもあるのです。

国民もネットを活用してマスコミを厳しく監視できる

門田　各個人が情報を発信できるから、マスコミに対する直接の批判も可能になったのです。だからマスコミの報道が間違っていたら、非常に多くの人たちから一斉に批判されるような事態にもなってしまいます。これは「マスコミが国民から監視される」ということでもあるのです。

井沢　個人とマスコミの立場が同じになったとも言えますね。

門田　そうですね。対等になりました。近所で何か出来事があって、その問題を新聞が取材に来たとしましょう。その結果、まるで事実とは異なることが報じられたら、以前なら「この記事は間違っています」と編集局に電話で抗議するぐらいで終わりました。

しかし、今は違います。編集局に電話をする必要もありません。自分たちでX（旧ツイッター）に投稿して世論に訴えればいいのです。

「この記事は杜撰な取材によって、こんな間違いを犯している」

そう投稿すればいい。そして近所の人にも、リポストを頼んで、どんどん大きくしていけばいいのです。情報発信をするのはマスコミだけでなく、「個人」も同じという時代です。いわばマスコミは監視されている立場。以前なら、抗議電話するぐらいで終わったものが、そうではなくなったのです。

井沢　電話での抗議だと、新聞社から適当にあしらわれるだけです。

門田　ネット上で新聞社の記事のデタラメさを告発したほうが反響が大きいし、新聞社にも打撃を与えられます。

そういう可能性が高まったことで、今や国民はネットを活用してマスコミを厳しく追及できるようになりました。これも「情報の民主化」がもたらした大きな力なのです。

実際、こうした監視によって新聞社の欺瞞やウソ、デタラメが次々と明らかになってきました。それがさらに新聞の信用を失わせ、部数の減少にもつながっています。前に話したように、新聞の部数はもう坂道を転がり落ちるようにどんどん減っているのです。

井沢　それと、ネットの効用について付け加えておきたいのは、マスコミは情報の量に上限があるということです。新聞は大事件があったからといって紙面を大幅に増やすことはできません。事情はそれぞれの番組の放送枠が決まっているテレビも同じです。

それで新聞は、例えば右翼から好まれたり憲法改正論者から喜ばれたりするような記事は載せないで、自分たちに都合のいい記事だけで、限られた紙面を埋めるということをします。

一方、ネットならアップする情報は無制限です。誰もが自由にいくらでも情報を発信できます。

門田　先の福島第一原発事故の「吉田調書」問題もそうでしたね。官邸のホームページで9月11日に「吉田調書を公開する」と安倍首相が言ったその当日、朝日の木村伊量社長は記者会見して謝罪し、辞任を発表せざるを得なくなりました。あれで朝日の信用も大きく崩れてしまったのです。

井沢　吉田調書は膨大なため、すべてを印刷して紙面に載せることなどできません。だから朝日の記者は、自分に都合がよく角度がつけられる部分だけを選んで記事を書くことができたのです。

今は膨大な文書でも丸ごとネットに載せられます。誰でも現物を見られるのだから、新聞がデタラメを書いたらすぐにわかってしまいます。このネットの威力は非常に大きいですよ。

エピローグ

日本の安全保障と言霊

「新聞の安保破棄の主張を退けて日本は平和が保たれた」

井沢　勢いのあったころの朝日新聞の主張が通っていたら日本はどうなっていたか。考えると怖い気がします。「日米安全保障条約は平和のためによくない。破棄すべきだ」と朝日は主張していました。

ロシアに武力侵攻されたウクライナはＮＡＴＯ（北大西洋条約機構）加盟を望んでいます。第２次大戦中も中立を保ったノルウェーでさえＮＡＴＯ入りを果たしました。

軍事同盟が抑止力になるのは今や明白です。日米安保条約もこれまで日本の平和を守る手段として極めて有効でした。にもかかわらず、朝日は反対の旗を下ろしません。

アメリカが行う戦争に日本が巻き込まれるというのが日米安保条約反対派の主張です。しかし普通に考えれば、アメリカは世界でいちばんの軍事大国なのだから、そういう強い国に守ってもらえばいいというのが最も有力な現実論です。歴史でもこの現実論のほうが正しかったことが証明されています。

門田　日米安保条約によって日本が東アジアで平和を維持してきたのは、歴史的な事実です。

井沢　1960年の安保闘争のとき、「では外国が侵略してきたらどうするのか」という問いに対して、日米安保条約反対派は「ソ連は労働者の天国だし、中国も北朝鮮も素晴らしい国だ。そんなことをするはずがない」と言っていたのです。

安保反対闘争をマスコミも後押しした日本のマスコミもその言い分に乗っかったうえで、「そもそも戦後日本の再出発はアジア諸国への反省の下に成り立っていたはずだ。その反省はどうなった」と論理をすり替えました。

門田　国民が冷静に考えていけばいくほど、安保闘争が腰砕けになっていったのは当然でしょう。最後まで安保闘争は広汎な国民の支持を得ることはありませんでしたね。

井沢　日米安保条約には基地問題など嫌なこともあります。けれども日本の平和を守る抑止力としては極めて有効だったし、今もそうです。

日米安保条約に反対した人たちの多くも今は日米安保条約が破棄されなくてよかったと胸をなでおろしているはずですよ。

門田　安保闘争のときは「アメリカの戦争に巻き込まれる論」と「アメリカが日本の平和を守ってくれる論」の両極に分かれていました。

アメリカがベトナム戦争を行ったときには日本はそれを事実上〝後方支援〟しました。北ベトナムへの爆撃のために日本の米軍基地がその前線基地になったのは事実ですからね。その意味では「巻き込まれる論」にもある程度は現実味もありました。

しかしそれでも、世界でいちばん強い国と同盟関係を持てば日本は安全だというのは、安保闘争時の首相だった岸信介氏をはじめ現実論の保守派の揺るぎない信念でした。

一方、そもそも戦後の日本はアジアへの反省からスタートしたのではないか、アジアへの侵略の反省はどうなったのだといった巻き込まれる論の人々の主張は、今でも続いています。

しかし井沢さんが言ったように、歴史は現実論のほうが正しかったことを完全に証明しています。

井沢　ただし日本人はどこか武力が嫌いなところがありますね。そういう気持ちが特に強い人たちは日米安保条約も自衛隊も軍隊の抑止力も認めたくない。でもそれらが抑止力として働いているのは現実です。

では、現実から目を背けているそういう人たちは何を見ているのかと言うと、憲法9条だということになります。憲法9条を持つ日本国憲法は「平和憲法」であって、そのお陰で日本は平和を保つことができた、だから絶対に改正してはならないというわけです。しかしそれは実は「神風」が日本を守ったというのと同じ考え方なのですよ。

門田　平和憲法と神風には似た面があるということですね。

井沢　だから日本人は一般的には、神風を信じる人は右翼で、平和憲法万歳と言う人は左翼だと思っています。でも実はどちらも同じ日本人であり、現実の抑止力と軍隊の効用というものを認めたくないという心情を持っているのです。

このことは僕は歴史家としてもっと多くの人に知ってもらいたい。みんなが知れば日本も変わってくると思っています。

ところが、そのことを知らないのが朝日であって、現実的な巻き込まれる論から目を背けたい人々の気持ちに媚びた主張をしているわけです。

「国を守るためには指導者も国民も逃げてはならない」

門田　ロシアがウクライナに侵攻した2022年2月24日から26日までの3日間を、私は「歴史を変えた3日間」と呼んでいます。

この侵攻は国連安保理の常任理事国の1つ、つまり「5大国の1つ」が当事者となって犯した国際犯罪です。ロシア大統領のプーチンはそれに「ウクライナの非ナチ化」だとか「ウクライナで迫害されているロシア系住民を守るため」とか、荒唐無稽な理由をつけました。けれども、これは、事実として戦後初めて戦後秩序を破り、大国による他国への「力による現状変更」が行われたものでした。

言い換えれば、世界の人々の眼の前で「平和を唱えているだけでは平和は保てない」ということが証明されたものでした。

そのとき軍事専門家を含めた多くの人々は、ロシアが圧倒的な軍事力でウクライナの首都・キーウを短期間で占領するという見方をしていました。

井沢　そうですね。ロシアはあっという間の電撃作戦でウクライナに勝つと思われていました。

門田　私はこう考えていました。

ウクライナ大統領のゼレンスキーが殺されたら、代わりにロシアが傀儡《かいらい》を立て、ウクライナは終わる。しかし、ゼレンスキーの「命」がある限り、たとえロシアが傀儡を立てても「正統政権は私だ」という発信を続けるかぎり、ウクライナは負けたことにならない。

そこでゼレンスキーはキーウから逃げ延びて地下生活に入り、正統性を発信し続け、3年でも4年でもゲリラ戦を指揮すべきだと思いました。

しかし、この考えを、以前から親しくしている自衛隊元陸上幕僚長の岩田清文氏に話したら、岩田氏から返ってきたのは「門田さん、最初からゼレンスキーが逃げて、ゲリラ戦を何年も戦うなんてダメですよ」という言葉だったのです。

井沢　そうなんですか。なぜでしょう。

門田　私も同じ疑問をぶつけました。すると、岩田氏曰く、「ゼレンスキーはキーウに残って、ウクライナの全軍を指揮し続けなければならない。それが国家の領袖というものだ。門田さん、身を隠して地下から情報を発信するなんて、そんなものはダメだよ」と。

戦争に対するジャーナリストと軍人との発想は全然違うということがわかりました。まず「命を捨てる」という決断をしなければ、国家の領袖ではない、ということです。やはり軍人は凄いなと思いましたね。

井沢　現実にもその通りになりました。プーチンにとっても、ゼレンスキーがキーウに留まってウクライナ軍の指揮を続けるというのは予想外だったでしょう。

門田　そう思います。ゼレンスキーは2つの決断をしたのです。1つは「命を捨てる」こと、もう1つは、その上で「キーウに残って全軍を指揮する」ということです。

この決断の下にゼレンスキーはウクライナ国民に「私はキーウにいる。最後まで一緒に戦おう」「18歳以上60歳までの男は国外に出てはいけない。ともに戦うんだ」と呼びかけたのです。それがウクライナ国民を奮い立たせた。まさにこの2つの決断で2月24日から26日までが歴史を変えた3日間となり、世界の流れが変わったのです。

井沢　確かに国家の最高指導者が我先にと逃げたなら、国民は腰砕けになりますよ。

門田　私の最初の考えは、やはり、ジャーナリズム的な考え方でしたね。

リベラルマスコミにとどめを刺すロシアの武力侵攻

門田　このウクライナの3日間の踏ん張りで、世界中で反ロシアデモが巻き起こりました。なかでも、一番、すごいデモが起こったのがドイツです。全国各地で起こりましたからね。

井沢　ドイツの反応は早かったですね。

門田　なぜかと言うと、ロシアのプーチンに侵略を決意させたのは、事実上、前首相のメルケルだったからです。そのことをドイツ国民は知っている。メルケルおよびその前の首相シュレーダーは、ロシア国営のガス会社とドロドロの密接な関係にありました。これが、プーチンを増長させたのです。

ウクライナ侵攻当日の2月24日に直ちにドイツ国民は反ロシアのデモを国内各地で開始し、その勢いに押され、ドイツ連邦議会も招集されました。議会は2月27日には、完全にロシア非難、一色に染まりました。メルケル以上に左派だったはずのショルツ首相もこれで反ロシアの立場を鮮明にしたのです。

井沢　このときドイツは、国防費を従来のＧＤＰの１・５％から２％へと大幅に引き上げることも決めました。それでドイツのリベラル派も困ったわけです。

門田　日本のリベラル勢力も同じで、想定外のものすごい現実が来てしまいました。ロシアのようにいきなり他国に武力侵攻する国が現実に出現したのだから、やはり国際的な安全保障体制に参加する必要性を感じざるを得なかったと思いますよ。そのためには集団安保体制に入れるように日本国憲法を改正する必要があることがわかります。

しかしそうした目の前の事態を以後もずっと無視し続けているのが日本の左翼マスコミです。今回は、まさに「最後の警鐘」なのに日本の左翼マスコミは未だに見て見ないふりをしていますね。

井沢　本来なら彼らは「日米安保に反対したのも憲法改正に反対したのも間違っていました」という宣言をすべきです。

そうしないから新聞もどんどん読者を失って、左のコアな過激な一部の読者だけしか残らないような状況を招いています。下手をすれば、前にも言ったように過激な読者を引き留めるためにより過激になってしまう。

門田　そういうことです。より過激になっていくと、メディアなのに活動家に寄って行くことになります。この点はメディアだけではなく日本共産党や立憲民主党も同じなんですね。

井沢　コアのところにしか、生きる道がなくなるのでしょう。

門田　ただし自民党支持者も、安全保障に対する対応が温いと自公政権に対しても不満を持っています。

しかし以前なら、いくら自公政権に不満があっても岩盤の保守現実派は逃げる「先」がなかった。それが今は逃げる先ができてきました。日本維新の会、国民民主党、参政党という現実野党です。そこに日本保守党も加わりました。実際、自民党から支持者が猛然と現実野党の側に流れていますね。

井沢　とすると朝日は本当に現実から取り残されてしまうので、もう潰れるか、やはり不動産業に専念するしかありませんね。

門田　重ねて言いましょう。２０２２年２月24日というのは日本のリベラルマスコミに「とどめを刺す」ものとなったのです。

「戦争を煽った朝日による反米・安保反対への手の平返し」

井沢　今回のウクライナの事態を見るまでもなく、軍隊を持つのは当たり前のことなんですよ。それを否定している日本国憲法は欠陥憲法だ。だから日本もとにかく軍隊をまず持たなければなりません。

その軍隊を世界征服に使おうと言うのなら右翼かもしれません。しかし日本のマスコミは、軍隊を持つだけで右翼だと批判するのですよ。このズレは終戦の１９４５年にまで遡れます。だから根深い。

私は朝日新聞を強く支持する読者を「朝日真理教の信者」と呼んでいます。朝日真理教の信者は朝日村に住んでいるのです。そういう信者のなかにもやはり戦争の悲惨な犠牲者の遺族がいます。「二度とあんな戦争は繰り返したくない」と思っているでしょう。思いは正しい。けれども、憲法9条を守るとか、軍隊を持たないといった平和の維持の仕方は完全に間違っています。

朝日はそんな間違った前提に立って現実と違うことを報道している。マスコミとして絶対にやってはいけないことだし、われわれ一般国民もそうしたマスコミを許しておいてはいけません。

門田　朝日の言う「二度と悲劇を繰り返してはならない」は、国民全員が思っていることです。となるとやはり平和を守るための手段が必要であり、しかし丸腰では逆に戦争を呼び込んでしまうので、平和を守るためにこそ防衛力が不可欠なのです。

ジャーナリズムでそれを否定し続けてきたのが、きれいごと・上辺だけ・偽善・自己陶酔の朝日でした。日本の左翼も同じです。ただし日本共産党は、もともとは自主防衛の「武力」を唱えていたのに、途中から「武力はダメだ」と言い出しましたね。

井沢　朝日は、戦前は戦争を煽りました。

門田　終戦の前日、1945年8月14日の朝日の社説は依然として「一億の火の玉を消すことはできない」と主張していました。同年9月15日には鳩山一郎へのインタビューが朝日に載りました。ここで鳩山は「原爆投下は戦争犯罪である」と述べています。これで朝日は占領軍のGHQ（連合国最高司令官総司令部）から発行停止を食らいます。

このとき朝日の内部では権力闘争があって、新しい勢力は朝日の戦前、戦中の論調を支えてきた人たちを追い落とすために、この発行停止を利用しました。そして追い落とした結果、再発行が許された後に朝日の論調ががらりと変わったのです。

井沢　いわゆる手の平返しですね。

しかしこの手の平返しでは、親米になって安保賛成というふうにもならなかった。

門田　そうなんです。朝日は反米で安保反対になってしまいました。親米、安保賛成になっていたら、憲法9条改正への道筋もできたでしょう。朝日は変なふうに手の平返しをしたのです。

「団塊の世代が社会の第一線に出てマスコミは左旋回した」

井沢　振り返れば、戦前の日本の報道機関がウソの情報を流して国民を騙し続けた背景には報道機関の特権意識もあったと思います。本来、人を騙すことは悪いことです。それは子供でもわかっています。それなのになぜ平気で騙すことができたのでしょうか。

私は、戦前の報道機関が心の底では国民を愚か者として侮辱していたから、騙してもいいだろうという心理になったのではないかと考えています。相手が自分と対等の知性を持つ存在だと考えたら、騙してもいいとは決して思いません。

この国民を騙すという心理は終戦によっても変わりませんでした。

門田　戦前のマスコミと戦後のマスコミは基本的には同じだということですね。

なるほど、戦前のマスコミと、戦後の朝日新聞を筆頭とするリベラルマスコミに共通するのは、煽動と驕りでしょう。

例えば、戦後の朝日では、中国派がソ連派を追い落として実権を握りました。そして林彪が死んだとわかっても、これさえ否定して事実を隠し、併せて中国を礼賛し続けました。そこには、とにかく日本を社会主義に持っていくという意思が確固としてあったわけです。

井沢　朝日はこれから先もそのいかがわしさに気づかないかもしれません。しかし一般の日本人はおおかた気がついているのではないでしょうか。

明治維新の混乱のなかで廃刀令が出て、それまでの権力や身分を失った人々が、これからは言論によって政府に抗していくとして始めたのが近代の新聞なのです。だから、国民新聞にしても萬朝報にしても、もともと自分たちの主張が先にありました。逆に言うと、それを大衆に訴えるのが新聞だったのです。

だから同時に大衆を啓蒙するという使命感も最初にあって、その使命感とは愚かな大衆を導いていく、あるいは目覚めていない大衆を目覚めさせる、というエリート意識にほかなりません。

ただし自分たちの意見を訴えるというのも、情報を独占していたからこそできたのでした。今日、ネットの発達によって誰もが独自の情報を発信できるようになってからは、従来のエリート意識は通用しなくなったのです。

門田　では、朝日の社会主義幻想はいつごろから始まったのでしょうか。

私は終戦直後というよりも、戦後のベビーブームで生まれたいわゆる「団塊の世代」が社会の第一線で活躍し始めたころからではないか、とも思うのです。つまり、1960年代の後半以降に顕著になったのではないでしょうか。

1968年10月21日の国際反戦デーに新宿騒乱事件があって社会は騒然としました。お茶の水一帯が「神田カルチェラタン」と呼ばれる解放区の様相を呈したのもそのころです。

この当時、社会主義幻想は、日本だけでなく他の西側先進国でも同じように振りまかれていました。そういう状況で社会に出てマスコミの第一線で活躍することになる記者も出始めました。彼らが結果的に大衆を煽り立てることになり、さらに以後、マスコミも左寄りへと急旋回していきました。日本のマスコミが真の意味でおかしくなったのは「ここから」ですよ。

井沢　しかし前に話をしたように、ネット時代になってそうしたマスコミも追い詰められてきているわけです。

「縁起の悪いことにも真正面から向き合わなくてはならない」

井沢　このようなところまで堕ちた日本のマスコミ。なぜきちんと事実を伝えない状態が続いたのか、言霊との関係について述べ、締めくくりたいと思います。

言霊というのは日本語のなかでも最も古い概念の1つです。『広辞苑』では「言葉に宿っている不思議な霊威」と説明しています。別言すれば、「ある言葉を口に出して言うことによって、その言葉の内容が実現されてしまう」という考え方です。

例えば「雨が降る」と言うと、現実に雨が降ると考えます。これは言葉と実態（現象）がシンクロするということです。

また、「顔色が悪いけど、癌なんじゃないの」と言われたら、誰でも「縁起でもない」と嫌な気分になります。ではなぜ、そういう気分になるのか。これは「かく言えばかくなる」、つまり言われた言葉が現実になるのだと、心の底で日本人は誰でも思っているからです。しかし言霊を信じていなければ、言葉と現実との間には何の関係も生じないので何とも思いません。

門田　そんな言霊信仰が怖くて新聞は本当のことを書かないということですね。

井沢　まさに、いまだに日本の新聞が真実を伝えられないのは言霊のせいかもしれません。

そもそも情報は迷信や信仰の入る余地のない無色のものです。だから、現実に起きたことがいいことであれ悪いことであれ、情報に携わる報道機関はありのままに伝えなければなりません。

ところが、言霊の国に生きる日本人はありのままが苦手なのです。どうしても言葉（文字）に現実を変える力が宿っていると考えて、起こってほしくないことに接すると、「そんなことは起こっていない」ことにしたくなります。

情報とイデオロギーを並べたとき、情報をインテリジェンスと言い換えてもいいでしょう。言霊の国ではこの両者を別ものだと冷静に割り切ることができません。

その弊害が如実に表れるのは、自分が嫌な情報に接したときです。例えば正しいと信じていた自分の会社の悪事が発覚したとき、そんな事実を認めたくないなら、言霊を信仰する以上、自分の会社は決して悪事をすることはないと思い込むのです。

門田　でも、「起きてほしくなくても起こるかもしれないことへの対策を講じる」というのが危機管理です。日本人は危機管理が下手だとよく指摘されるのは、やはり言霊信仰のせいなのでしょうか。

井沢　まさにその通りだと思います。言霊信仰の日本人は、起きてほしくないことは口に出さないし、実現してしまっては困ることも言葉にはしません。危機管理はまさにそういうことの対極にあります。

危機管理というのは、縁起の悪いことが起こらないようにする、あるいは縁起の悪いことが実際に起こったときの対処を考えておくということです。つまり、聞きたくないこと、見たくないことに真正面から向き合わなくてはなりません。言霊信仰ではそういうことは排除されます。

門田　ざっくばらんに言うと、新聞に縁起の悪いことばかり書いてあると誰も読まなくなるということですね。

井沢　そうですよ。縁起の悪い話は聞きたくないというのが読者の心情だとしたら、新聞社も、読者の読みたい記事を載せないと売れなくなります。それで読者のニーズに迎合した情報を流していくために、日本では情報が歪んでいくのです。

例えば日清戦争時、大阪朝日新聞と大阪毎日新聞の号外発行回数が最大80回だったのに、日露戦争時には最大４９８回にも増大したという研究報告があります。号外が多く読まれれば本紙も売れるのです。

しかし新聞も最初はそのような読者の意識に迎合する形で号外を増やしていったとしても、そうそう読者の喜びそうなことが起こるわけではないので、読者を喜ばせるために、次にはいい加減な情報を出し続けることになってしまいます。

例えば新聞は当初、戦闘で日本軍が本当に勝利したときに「勝利」と書いていたのに、負けても撤退してもしだいに「勝利」と書くようになるということです。これは戦前に実際に行われたことでした。しかし日本の新聞の体質は戦後も変わっていません。

とすれば、新聞が戦時中に大量の美談や英雄談を生み出した動機と、戦後に幻想が壊れてもなお北朝鮮礼讃報道を流し続けた動機は同じものだと言えるでしょう。

門田　しかしロシアによるウクライナへの軍事侵攻が起こった以上、さすがに日本人も新聞が憲法改正について反対の論調を主張し続けることに不満を覚えるようになるのではないでしょうか。

井沢　そうあってほしいですね。私が言霊の問題として長年追求してきたことに「ダチョウの平和」というものがあります。ダチョウは怖くなると砂のなかに首を突っ込んでじっとしていると言われています。そうしている間は少なくとも、怖さが増すこともなく平和でいられると錯覚できます。これまで朝日をはじめ新聞の論調もダチョウの平和でした。それに対するアンチテーゼが多くの日本人から出てきてほしいと思っています。

門田　冒頭でも取り上げたように、10月7日に始まった「ハマス」によるイスラエルへのテロで、さらに世界情勢が変わってきました。女性を凌辱・殺害し、老人を撃ち殺し、赤ん坊を斬首していくという卑劣な大量虐殺へのイスラエルの報復も凄まじいですが、イスラム教徒が世界中で反イスラエル・デモを行い、騒然となりました。

ウクライナから中東へ、そして中国の台湾侵攻はいつか、と世界中が「次の事態」を恐れています。平和ボケした日本のマスコミが憲法改正さえさせなかったことで、日本は大きな危機に陥っています。もう遅きに失した感はありますが、早く現実政治家が国家の領袖となり、備えを固めてほしい。決して後世、ダチョウの平和を続けた日本は「惨めに滅んだ」などと言われないようにしてほしいです。

そして、マスコミには、もう「虚偽まで用いて、自国を貶めるのはやめませんか」ということを言いたいですね。嘘をついてまで、自分の国を悪く言いたいその「心理」はどこから来ているのか、もう一度、胸に手をあてて考えてほしい。

自分自身に恥ずかしくありませんか、ということです。今、日本の存続自体が風前の灯になっている中で、自分たちがやってきたことの総括をしてほしいのです。ネット社会が到来して、事実そっちのけで中国や韓国など〝特亜三か国〟の言い分を代弁してきた姿勢が若者からソッポを向かれてしまった理由はどこにあるのか。もう無理かもしれませんが、そのことに気づいてほしいと本当に思いますよ。

おわりに

かつてある雑誌のアンケートで「あなたと朝日新聞の関係を教えてください。朝日のことをどう考えていますか」という質問があったとき、私は「一度朝日に殺されかけたことがあります」と答えました。これは冗談ではなく本当の話なのです。但し物理的な殺人ではなくあくまで言論人としての抹殺という意味ですが。

私はもともと大学を卒業した後は、ＴＢＳ東京放送に入社し社会部・政治部で8年ほど記者として活動していました。しかし在職中に江戸川乱歩賞に応募し入選したので、会社を辞めて作家専業になり、その過程で日本の歴史学が日本人の実態をまったく捉《とら》えていないことに気がつき、歴史ノンフィクションを書くようになりました。その結実が『逆説の日本史』（小学館刊）で、２０２３年現在単行本で27巻出しています。その過程で、日本の報道も異常だということに気がつきました。そこで私は、小学館『ＳＡＰＩＯ』編集部の熱心な勧めもあり、マスコミ評論も始めました。

今でこそ誰もが口にすることですが、特に問題視したのは朝日新聞の偏向報道です。詳しくは本文を読んでいただきたいのですが、今は誰でも当たり前だと思っている朝日の偏向報道を当時批判する人はほとんどいませんでした。それを私が始めたものですから、いわゆる朝日のカンにさわったのでしょう。

忘れもしない1994年10月のことでした。当時実施されたアメリカと北朝鮮の「米朝合意」について、それを手放しで礼賛する朝日新聞の報道姿勢を厳しく批判したところ、私の評論を「悪質なことばの凶器」と決めつけ、正式に撤回と謝罪を求める抗議文が小学館に届きました。

言うまでもなく日本は民主主義国家であり、言論の自由が保障されている国家であり、人間同士に意見の相違というのは常にありますし、朝日新聞が私の言論活動を「悪質な言葉の凶器」と決めつけるなら、それを発表する自由はもちろんあります。

しかし、許しがたいことに、この抗議文は朝日新聞の山本博昭読者広報室長と中川謙外報部長（当時）の連名で、私ではなく当時の小学館社長と『ＳＡＰＩＯ』の編集人（編集責任者）に送られてきたのです。

これは明白な「脅迫」です。版元の小学館に対し、井沢元彦のような悪質な筆者にお前らはなぜ書かせているんだ、一刻も早く止めるべきだという圧力をかけてきたのです。私もまさかと思ったのですが、社長室宛に届けられたその手紙の実物を何度読み返しても、私に対する抗議の言葉はありませんでした。井沢元彦は危険な「悪質な言葉の凶器」だから、こんな人間に評論を書かせたことを、小学館よ反省し謝罪せよ、という内容でした。

この山本博昭読者広報室長と中川謙外報部長の両名は、ジャーナリストの風上にも置けない、卑劣で卑怯な男たちです。繰り返しますが評論を実際に書いた私ではなく、版元を脅迫して自分たちの主張を通そうとしたのですから。朝日新聞社とは、こうした連中が編集幹部に出世できるとんでもない組織だったのです。念のためですが以上の経過は雑誌『SAPIO』で公開しましたし、その連載をまとめた単行本『虚報の構造　オオカミ少年の系譜―朝日ジャーナリズムに異議あり』（小学館刊）にも収録している、まったくの事実です。

しかし、今から思えば甘かったのですが、当時朝日新聞にも一抹《いちまつ》の良心があるのではと期待をしていた私は、この単行本の「あとがき」で当時の朝日新聞社社長・中江利忠氏に公開書簡を書いて、「言論の自由に基づくきちんとした意見の応酬をしましょう」と呼びかけましたが、ナシのつぶてでした。その後、朝日新聞の現役記者やOB、OGに何人も会いましたが、一度としてこの件について反省や謝罪の言葉を口にした人はいません。匿名でもいいから「私は山本や中川のしたことは許せないと思っている」という手紙でも来たなら少しは救われるのですが、ただの一通も来ませんでした。

バカですね。朝日新聞記者という連中が揃いも揃って、卑劣で卑怯で厚顔無恥《こうがんむち》な人間であるということに思い至らなかったのです。こうして私は暴力団のような「悪質な抗議文という凶器」を使った朝日新聞に危《あや》うく言論界から抹殺《まっさつ》されるところでした。それに対し守ってくれた当時の小学館社長と編集者には、今でも感謝しています

その後何年か経《た》って、私は今では誰もが口にしている「中国の軍事的脅威」に気がつき、警告しました。2007年のことで具体的には2008年に北京オリンピックを開催させてはならない、ボイコットすべきだ、というものです。

私は歴史家と名乗っています。歴史学者よりはるかに広い視野で物事を見ているという

ことです。そこで気がつきました。かつてナチスドイツがあれだけ大きくなり世界に惨禍をもたらしたのは、そもそもベルリンオリンピックをやらせ大成功させてしまったからだということに。だから数々の歴史的証拠を挙げて「北京オリンピックをボイコットせよ」と『SAPIO』誌上などで呼びかけました。

これに対し、朝日新聞社発行の『AERA』2007年9月10日号に「『中国嫌い』の本心」という記事が載りました。「一部雑誌の表紙には『北京五輪をボイコットせよ』などの活字が躍る」という書き出しで、中身はそうした傾向を批判する記事でした。つまり名指しこそしていませんが、当時マスコミの中でそこまで声高《こわだか》に叫んでいたのは私だけですから、これは明らかに対する私に対する批判でした。

この記事に載せられているコメントは中国外交官の「特に最近、危惧を覚えるのは、日本の一部の人々が偏《かたよ》った情報をもとに中国を色眼鏡で見ていることです」をはじめとして、ボイコット論などは中国嫌いの人間が叫んでいるだけで根拠のないものだと印象付けるものばかりでした。この記事を書いた大波綾、河野正一郎両記者の狙いはそこにあったことは記事のタイトルが示していると言っていいでしょう。こうした朝日の「アシスト」

もあり、中国は世界平和の脅威となりました。

その後、朝日新聞社は井沢元彦という「言論人」を抹殺するのはあきらめ、無視することにしたようです。私の『逆説の日本史』は単行本など累計で約600万部近く売れています。これを読んで歴史観がまったく変わったという人も数多くいます。にもかかわらず、地方へ行くと読書家なのに私のことをまったく知らなかったという人間に時々会うことがあります。話を聞いてみると必ずと言っていいほど朝日新聞の読者です。実は知らないのは無理もなく、私の『逆説の日本史』が朝日新聞の書評で取り上げられたことは、私が知る限り一度もありません。

しかし朝日は、それは独立した書評委員会の問題で本紙は関与していないと言うでしょう。

では、もう1つ証拠を挙げましょう。朝日新聞出版が2009年に発行した『週刊マンガ日本史1　卑弥呼』という雑誌があります。この雑誌の33ページの注「卑弥呼が死んだ年に日食があった?」の中で、「ある小説家は太陽を祀る巫女《みこ》である卑弥呼が、太陽が隠れてしまった責任をとらされて殺されてしまったのではないかと推理している」と紹介しています。私が『逆説の日本史』で展開した推論ですが、問題は「ある小説家」という言い方です。漫画にしたのは歴史の入門書を意識したのでしょう。ならばもっと深く知りたいという読者の要望にも応《こた》えるべきで、「井沢元彦の説」と書くべきなのです。それが読者に対する親切というものでしょう。それをあえてボカしたのは、読者への配慮以上に「井沢元彦はできるだけ無視する」という社の方針があったとしか考えられません。

つまり、これを書いた朝日新聞出版の編集者にも良心というものがなかったということです。考えてみれば朝日が私に対して何の反省も謝罪も訂正も示していないということは、相変わらず朝日新聞にとって私は「悪質な言葉の凶器」だということなのでしょう。

今回は、朝日新聞や日本のジャーナリズムのあり方などをテーマに、朝日新聞と戦い続けるジャーナリストの門田隆将氏と、縦横無尽にお互いの本音をぶつけて話し合いました。

私自身、大いなる気づきもあって、日本のジャーナリズムが抱え込んださまざまな問題について、深く考えさせられました。

そして、このままの状態では日本はますます大変なことになると、あらためて思い至った次第です。

ぜひ、読者のみなさんにもこの思いを共有していただければ、と思います。

２０２３年10月

井沢元彦

[著者略歴]
井沢元彦（いざわ・もとひこ）
作家。1954年、名古屋市生まれ。早稲田大学法学部卒業後、TBSに入社。報道局在職中の80年に、『猿丸幻視行』で第26回江戸川乱歩賞を受賞。退社後、執筆活動に専念。独自の歴史観からテーマに斬り込む作品で多くのファンをつかむ。著書は『逆説の日本史』シリーズ（小学館）、『お金の日本史 和同開珎から渋沢栄一まで』『お金の日本史 近現代編』（以上、KADOKAWA）、『学校では教えてくれない日本史の授業』『ザ・日本史推理』（以上、PHP文庫）、『崩れゆく韓国』『「日本教」をつくった聖徳太子のひみつ』（以上、ビジネス社）など。

門田隆将（かどた・りゅうしょう）
作家、ジャーナリスト。1958年、高知県生まれ。中央大学法学部卒業後、新潮社入社。『週刊新潮』編集部記者、デスク、次長、副部長を経て2008年独立。『この命、義に捧ぐ―台湾を救った陸軍中将根本博の奇跡』（角川文庫）で第19回山本七平賞受賞。主な著書に『死の淵を見た男―吉田昌郎と福島第一原発』（角川文庫）、『日本、遥かなり―エルトゥールルの「奇跡」と邦人救出の「迷走」』（PHP研究所）、『なぜ君は絶望と闘えたのか―本村洋の3300日』（新潮文庫）、『汝、ふたつの故国に殉ず』（KADOKAWA）、『疫病2020』『日中友好侵略史』『尖閣1945』（以上、産経新聞出版）、『新・階級闘争論』（ワック）など。

〈編集協力〉尾崎清朗

消えゆくメディアの「歴史と犯罪」

2023年12月8日　　第1刷発行

著　者　井沢元彦　門田隆将
発行者　唐津　隆
発行所　株式会社ビジネス社
〒162-0805 東京都新宿区矢来町114番地
神楽坂高橋ビル5階
電話 03(5227)1602　FAX 03(5227)1603
https://www.business-sha.co.jp

〈装幀〉齋藤稔（株式会社ジーラム）
〈本文組版〉有限会社メディアネット
〈印刷・製本〉半七写真印刷工業株式会社
〈制作協力〉水無瀬尚
〈営業担当〉山口健志
〈編集担当〉中澤直樹

ISBN978-4-8284-2570-2